Renate Kissel

# GEWÜRZE & KRÄUTER

Mit 110 Rezepten,
exklusiv fotografiert
für dieses Buch
von
Hans Joachim Döbbelin

SIGLOCH
EDITION

# Inhalt

*Vor dem Geschmackssinn kommen oft noch Augen und Nase zum Zuge, so auch auf jedem richtigen Gewürzmarkt.*

*Zur Abbildung auf Seite 2: Mit dem „Land, wo der Pfeffer wächst“ meinte man einst zwar nicht Madagaskar, sondern die Molukken oder andere Regionen, die aus europäischem Blickwinkel lange Zeit weit, weit weg lagen. Und bis heute läßt sich die Natur auch nicht überlisten, denn der Anbau manches begehrten Gewürzes gelingt nur in den Tropen. So gibt es dort trotz regional bitterer Armut dennoch für viele Menschen Arbeit, wenn sie das landestypische Produkt für den weltweiten Handel aufbereiten.*

# Die Kunst des Würzens

Gewürze und Kräuter tragen mit ihren wohlriechenden und -schmeckenden Aromen wesentlich zu dem Vergnügen bei, das Menschen beim Essen empfinden. Es kommt nur darauf an, sie am richtigen Ort und in der richtigen Dosis einzusetzen. Das Ergebnis sind wahrhaft veredelte Speisen, deren Eigengeschmack fein akzentuiert wird, und – zufriedene Gäste.
Solange den Menschen nur Salz und Honig zum Würzen zur Verfügung standen, kann das Eßvergnügen nicht groß gewesen sein. Nahrung diente in der Vorzeit dem reinen Überleben. Es waren in der Regel die Männer einer Sippe, welche auf die Jagd gingen, während Frauen und Kinder den Speisezettel mit gesammelten Pflanzen und Früchten ergänzten. Sicher ist dabei unseren Vorfahren bald der Wohlgeschmack bestimmter Kräuter aufgefallen. Archäologen haben steinzeitliche Feuerstellen untersucht und herausgefunden, daß zum Beispiel Engelwurz (Angelika), Kümmel

*Damit aus dem Würzen der Speisen eine wahre Kunst wird, braucht man eine Mindestauswahl an Gewürzen. Wo könnte diese größer sein als auf einem Markt, beispielsweise im Kairo unserer Tage. Ob sich diese beiden Händler wohl gerade in Gedanken darüber verlieren, wie der jahrhundertelange Handel mit Gewürzen und Aromen die Geschichte ihres Landes und die seiner arabischen Vorfahren bestimmt hat?*

*„Der Schöpfer nötigt den Menschen, zu essen, um zu leben. Er fordert ihn durch den Appetit dazu auf und belohnt ihn durch das Vergnügen, das er dabei empfindet.“ So der Feinschmecker Brillat-Savarin im vorigen Jahrhundert in seinem Werk „Die Physiologie des Geschmacks“.*
*Der Geschmackssinn scheint mit allen anderen Sinnen zu korrespondieren. Angesichts solch appetitanregender Zutaten wie der hier abgebildeten asiatischen Gewürze wird wohl kaum jemand an der Richtigkeit dieser Behauptung zweifeln. Um so mehr, wenn mit ihrer Hilfe ein Mahl zu einem Fest für Augen und Ohren, für Zunge und Nase wird.*

und Mohn schon vor etwa 6 000 Jahren von den Bewohnern von Pfahlbauten als Würze genutzt wurden.

Die Natur hat uns Menschen mit einem recht feinen Geschmackssinn ausgestattet. Rein anatomisch betrachtet verdanken wir ihn einer begrenzten Anzahl von Geschmacksknospen auf der Zunge, die indes laufend geschult und weiter sensibilisiert werden müssen. „Probieren geht über Studieren“ gilt hier mehr als anderswo. Oberstes Ziel ist die Kunst, eine höchstmögliche Zahl an Geschmacksrichtungen und -nuancen unterscheiden zu können.

Die Geschmackssensoren leiten ihre Informationen über Nerven an das Gehirn weiter. Dessen Rückmeldung setzt den Verdauungsprozeß in Gang, und durch Speichelsekretion werden wichtige Vorarbeiten für Magen und Darm geleistet. Wer kennt das nicht: Es genügt ein Wort oder ein Gedanke an eine bestimmte Speise, um schon das sprichwörtliche Wasser im Munde zusammenlaufen zu lassen. Erst recht, wenn bei der Zubereitung zusätzlich ein optischer Reiz entsteht – wie das Aufschneiden einer Pampelmuse. Oder wenn das fertige Gericht einfach lecker aussieht. Und wenn der Geschmack dann auch noch stimmt, ist das Fest für alle Sinne perfekt. Den Gewürzen und der feinen Kunst des Würzens kommt hierbei eine Schlüsselstellung zu. Am Würzen erkennt man die wahren Küchenmeister.

# Geschichte des Gewürzhandels

Keine Güter der Welt – weder Gold noch Silber, weder Edelsteine noch Seide – haben die Ambitionen und Leidenschaften so vieler Menschen angestachelt wie die Gewürze.

Seit Jahrtausenden werden Kräuter, Wurzeln, Samen und Gewürze zur Verfeinerung von Speisen und zum Heilen verwendet, oftmals auch bei Zauberritualen – oder gar zum Vergiften. Nach heutigem Wissensstand ist die älteste schriftliche Aufzeichnung über den Gebrauch von Kräutern und Gewürzen in einem vor etwa 5 000 Jahren in China vom Kaiser Chen-nung verfaßten Kräuterbuch mit über 200 Pflanzen zu finden. Andere frühe Hochkulturen wie die der Babylonier und Ägypter waren vor gut 3 500 bis 4 000 Jahren ebenfalls in der Lage, die Wirkstoffe von Gewürzen und Pflanzen wie Anis, Bockshornklee, Fenchel, Kalmus, Kardamom, Koriander, Kümmel, Mohn, Senf, Thymian, Wermut oder Zimt zu nutzen. Die alten Pharaonen indes ließen an das Heer ihrer Bauarbeiter, die harte Frondienste zu leisten hatten, täglich neben der Grundnahrung eine Ration Knoblauch und Zwiebeln austeilen: strenggenommen keine klassischen Gewürze, aber sehr gesund – und billig zu haben. Was vielen Gesundheit und Wohlbefinden sicherte, konnte auf Dauer nicht geheimgehalten werden und weckte bald auch die Interessen und Begehrlichkeiten in anderen Teilen der Welt. Die orientalischen Gewürze gelangten durch Handel zu den Völkern des Mittelmeerraums. Und so finden sich in der Anleitung zu einer gesunden Ernährung, die der griechische Arzt Hippokrates (460 bis 377 v. Chr.) verfaßt hat, auch Hinweise über den Gebrauch von Kräutern und Gewürzen.

**Handel quer durch die antike Welt**

Die Gewürze des Fernen Ostens hatten lange, gefährliche Reisen auf ihrem Weg ins Mittelmeer zu überstehen. Auf kleinen Schiffen wurden sie von den Molukken, den Gewürzinseln, nach Malakka transportiert, in das heutige Singapur. Weiter ging es auf dem See- und Landweg nach Indien und Arabien und von dort zu den Umschlagplätzen am Mittelmeer, nach Aleppo und Tyros. Alexander der Große eroberte 332 v. Chr. die Inselfestung Tyros, unterwarf Ägypten und gründete am unteren Nil Alexandria. Die Stadt ent-

*Alexander der Große – hier auf dem in Pompeji in der Casa del Fauno gefundenen Mosaik (2. Jh. v. Chr.) – gründete 332 v. Chr. am unteren Nil Alexandria. Die Stadt entwickelte sich schnell zur Handelsmetropole, auch für den Gewürzhandel.*

*Der Venezianer Marco Polo verbrachte viele Jahre im Norden Chinas am Hofe des Mongolenherrschers. 1292 bis 1295 kehrte er auf Umwegen, die ihn bis nach Südasien führten, in seine Heimat zurück. Eines seiner Erlebnisse – hier bei der Ernte schwarzen Pfeffers – zeigt diese französische Buchmalerei von 1375 aus dem „livre des merveilles“.*

wickelte sich bald zum Haupttreffpunkt der Händler aus Ost und West.

Es waren Araber, die das Monopol über den lukrativen Gewürzhandel jahrhundertelang bewahren konnten. Um die wahre Herkunft der Spezereien vor möglicher Konkurrenz zu verschleiern, berichteten die Händler von großen Gefahren und Meeresungeheuern, die angeblich überall auflauerten, sowie von gefährlichen Bewachern der Gewürzpflanzen. Durch falsche geographische Angaben ließen sie die Ägypter in dem Glauben, Gewürze und Weihrauch kämen aus dem Land, das sie „Punt“ nannten. Nach heutiger Kenntnis waren damit Arabien oder Äthiopien gemeint, jedoch nicht die eigentlichen Herkunftsländer. Die List zahlte sich aus.

Auf einem zweiten Handelsweg, der Seidenstraße, gelangten die Gewürze mit Kamelkarawanen über China, Persien und Kleinasien nach Byzanz, in das spätere Konstantinopel, und von dort auf dem Seeweg nach Athen und Rom. Diese beiden Stadtstaaten

entwickelten nach Gewürzen trotz „gepfefferter" Preise eine enorme Nachfrage. Im 1. Jahrhundert n. Chr. erschienen in Rom illustrierte Schriften, in denen Plinius der Ältere und der griechische Arzt Dioskurides die Gewürze breiteren Bevölkerungskreisen bekannt machten. Und in seinem berühmten Kochbuch „De re coquinaria" beschrieb der römische Feinschmecker Apicius, wie Speisen gewürzt werden sollten. Einige von ihm genannte Gewürzkombinationen für Salat-, Suppen-, Saucen-, Fisch- und Fleischrezepte haben sich bis heute, wenn auch mit geringfügigen Veränderungen, erhalten. Pfeffer stand schon damals in der Rangfolge der Beliebtheit an erster Stelle. Die Reichen – die oberen Zehntausend von Rom – gingen übrigens verschwenderisch mit Gewürzen um: Außer um den Geschmack der Speisen zu verbessern oder sie zu konservieren, diente das teuer Erworbene stets auch als Statussymbol.

Schließlich war es den Römern zwar gelungen, selbst den Weg nach Indien zu finden, um die begehrten Gewürze wie Pfeffer, Ingwer, Kurkuma und andere vor Ort zu erwerben. Doch ganz gleich, wer sie unternahm: diese Reisen waren gefährlich und konnten mehrere Jahre dauern. – Dann lernte man noch, sich die jährlich wiederkehrenden Monsunwinde zur Überbrückung des Arabischen Meeres zunutze zu machen. Von April bis Oktober segelten die Schiffe mit dem Südwestmonsun nach Indien und kehrten von Oktober bis April mit dem Nordostmonsun wieder zurück. Dennoch: Für eine Strecke von heutzutage nur wenigen Flugstunden brauchten die Segler damals immerhin ein Jahr.

*Eroberungen in Spanien, Griechenland, Nordafrika, Gallien und im ganzen östlichen Mittelmeerraum machten aus der einst nur regional bedeutenden Landstadt Rom das Zentrum eines mächtigen Riesenreichs. Die vielen Völker im Imperium lieferten allerhand Anregungen für die Küche insbesondere der reichen Römer. Resultat war im 2. Jahrhundert v. Chr. eine römische Kochkunst, die mit Hilfe von Essig, Fischsauce, trockenem und lieblichem Wein, Koriander, Oregano, Thymian, Kreuzkümmel und manch anderem feinen Gewürz und Kraut einen eigenen kulinarischen Stil entwickelte. Apicius hat viele Rezepte aufgeschrieben, die meisten ohne Mengenangaben, doch auch eines für gebratenes Lamm oder Zicklein, das ganz ausgezeichnet gelingen soll: mit Honig, Pfeffer und Salz in der Marinade, Datteln, Rotwein, Olivenöl, Honig, Fischsauce und Maismehl für die Sauce.*

*Allgemein bekannt ist ja, daß von den Römern die Weinrebe in viele Gebiete nördlich der Alpen gebracht wurde. Bis heute weiß man beispielsweise in der Pfalz, im Elsaß, in Baden, im Rheinland oder am Bodensee dieses „Mitbringsel" sehr zu schätzen. In römischen Landen hatten Wein, Weintrauben, Rosinen sowie daraus hergestellte Saucen und Rosinenweine einen hohen Stellenwert – auch als Grundlage für die beliebten süßen Saucen zu Pikantem und zum Dessert. – Sollte es etwa eine Beziehung zu der Vorliebe nicht weniger nord-, mittel- und ostdeutscher Gaumen für Süß-Saures geben?*

**Schauplatzwechsel – Machtwechsel**

Die Römer waren es auch, die auf ihren Eroberungszügen nach Gallien und Germanien die Kenntnis von Gewürzen mitbrachten – ein nicht zu unterschätzender Vorteil der Fremdherrschaft, zumal die Speisen in den genannten Ländern bis dahin recht fad geschmeckt haben sollen. Allenfalls zur Konservierung sollen sie entweder sehr salzig oder rauchig, aber nicht würzig gewesen sein.

Als einige Stämme der Westgoten südlich der Donau, zunächst Föderaten der Römer, unter Führung ihres Königs Alarich I. Anfang des 5. Jahrhunderts in Italien einfielen und Rom belagerten, bezahlten die Römer, um einer Plünderung zu entgehen, einen hohen Tribut an Gold und Silber sowie Unmengen von Gewürzen. Der Untergang des Römischen Reiches war jedoch auch damit nicht mehr aufzuhalten. – Die von anderen Aufgaben ablenkende, aufs äußerste verfeinerte Eßkultur soll laut Ansicht mancher Historiker an diesem Niedergang nicht ganz unschuldig gewesen sein.

Konstantinopel, die Metropole des Oströmischen Reiches, wurde danach immer mächtiger und zu einem Zentrum des Gewürzhandels. Schließlich endete hier die Seidenstraße, die auch für den Transport anderer Waren von großer Bedeutung war.

Als die Araber 641 n. Chr. Alexandria eroberten und die Nordafrikaner bis zur Iberischen Halbinsel vordrangen, versiegte der Gewürzhandel aber vollständig. Dieser Zustand sollte etwa 400 Jahre andauern.

Einen Ausgleich konnten indes die 2 bis 3 Jahrhunderte später allerorten in Europa entstehenden Klöster schaffen. Ein gut angelegter Kräutergarten gehörte zu jedem Kloster, wenn auch der erste Gedanke hierbei der Heilkunst, also der Ausstattung der eigenen Apotheke galt. Mit seiner Verordnung „Capitulare Caroli Magni de villis vel curtis imperialibus" hatte Karl der Große einen bedeutenden Beitrag zum Anbau von Arznei- und Küchenkräutern geleistet. Die Verfügung galt für die Klöster ebenso wie für die Pfalzen des Kaisers.

Erst mit Beginn der Kreuzzüge im 11. Jahrhundert begann für den Gewürz- und Kräuterhandel eine neue Blütezeit. Dabei machten die Stadtstaaten Venedig und Genua das große Geschäft. Mit ihren Flotten fuhren sie in den

Nahen Osten, um reich beladen mit den begehrten Früchten und Gewürzen heimzukehren. Offiziell dienten die Kreuzzüge zwar der „Befreiung der heiligen Stätten von Ungläubigen", doch wurde zum Beispiel der von Papst Innozenz III. angeregte 4. Kreuzzug 1202 n. Chr. von Venedig mißbraucht, um Konstantinopel zu erobern und zu plündern und damit einen lästigen Handelskonkurrenten auszuschalten. Steigende Nachfrage im europäischen Raum verhalf den italienischen Stadtstaaten zu immer mehr Reichtum und Macht. Das führte zu Streitigkeiten untereinander, bis Venedig im Jahr 1380 den Hauptrivalen Genua besiegen konnte. Danach hielt Venedig fast 100 Jahre das Handelsmonopol mit dem Orient.

Nördlich der Alpen entstanden wichtige Handelszentren, wie in Brügge, Regensburg, Nürnberg und Augsburg. Dort betrieb das Kaufmannsgeschlecht der Fugger nicht nur Geschäfte mit Seide, Leinwand, Kupfer und Silber, sondern auch mit den begehrten Gewürzen. Die Waren wurden in Venedig von den Faktoreien ersteigert und in mühsamen Wagentransporten nach Norden geschafft, natürlich unter starker Bewachung gegen im Hinterhalt auflauernde Räuber, die nur zu gut um die kostbare Fracht wußten.

**Eroberungs- und Kolonialpolitik par excellence**

Der Reichtum Venedigs stachelte den Neid der übrigen Gewürzverbraucher, besonders der Spanier

*Im Zuge der ersten Weltumseglung, die Fernão Magalhães, Portugiese in spanischen Diensten, begann, aber selbst nicht überlebte, wurde 1520 auch die Magellanstraße an der Südspitze Südamerikas entdeckt; hier in einem kolorierten Holzstich von 1880 dargestellt. Doch wie viele Schiffsbesatzungen der Portugiesen und Spanier hatten da bereits seit Jahrzehnten versucht, über die Weltmeere direkt an die begehrten exotischen Gewürze zu gelangen!?*

*Vasco da Gama hat am 20. Mai 1498 das Ziel seiner offiziellen portugiesischen Mission erreicht: die Malabarküste in Indien bei Calicut. Die Kolonialmacht Portugal versuchte so, in den reichen Gewürzanbaugebieten Fuß zu fassen. Was auch gelang und die arabisch-venezianischen Handelswege abschnitt. Hier zeigt ein Holzschnitt (spätes 19. Jh.), wie da Gama dem Samudrin von Kalikat (Calicut) einen Brief des Königs von Portugal überreicht.*

und Portugiesen, später auch der Holländer, Franzosen und Engländer an. Als die Handelswege der Venezier in zunehmendem Maß von der Türkei bedroht, 1453 Konstantinopel durch Sultan Mohammed II. erobert und die griechische Halbinsel, Kleinasien, Syrien und Ägypten unterworfen wurden, beflügelten diese Ereignisse die Überlegungen, neue Wege zu den Gewürzinseln zu suchen.

Prinz Heinrich von Portugal, genannt der Seefahrer, tat einen ersten Schritt zur Entdeckung neuer Seewege zum Fernen Osten, als er 1418 an der äußersten Südwestspitze des Landes, in Sagres, eine Seefahrerschule gründete. In der Folge wurden Expeditionen entlang der Westküste Afrikas unternommen und dabei die Kanarischen Inseln wiederentdeckt. 1485 umsegelte Bartolomeo Diaz die Südspitze Afrikas – das Kap der Guten Hoffnung. 1498 gelang es dann dem portugiesischen Seefahrer Vasco da Gama, die Ostpassage nach Ostindien zu finden und dort erste Niederlassungen zu gründen. Nach harten Kämpfen mit den Arabern konnten die Portugiesen den Gewürzhandel an sich reißen und in Goa sowie auf Ceylon Fuß fassen. Damit war das venezianische Monopol durchbrochen. Etwa zur gleichen Zeit suchte der Genuese Christoph Kolumbus im

Auftrag der spanischen Krone mit einer kleinen Flotte den westlichen Seeweg nach Indien. Von der Kanarischen Insel La Gomera erreichte er 1492 nach zweimonatiger Fahrt die Bahama-Inseln, um später noch die Inseln der Antillen – Kuba, Haiti – zu entdecken. Kolumbus glaubte, er habe die Gewürzinseln gefunden, hielt den neuen Kontinent für Indien und nannte die Einwohner Indianer. Wenn die europäischen Entdecker Amerikas auch keinen Pfeffer mit in ihre Heimat zurückbringen konnten, so doch außer Gold und Silber Mais, Tomaten, Paprika und Kartoffeln und die bis dahin unbekannten Gewürze Piment, Chili und Vanille. Für die Bereicherung der europäischen Küche war Amerika eine Reise wert gewesen.

Was Kolumbus versagt blieb, gelang dem Portugiesen Fernão Magalhães – Magellán. Im Auftrag Spaniens rüstete er fünf Schiffe aus für eine Fahrt zu den Molukken. 1520 durchfuhr er als erster die später nach ihm benannte Meerenge an der Südspitze Amerikas, überquerte den Stillen Ozean und entdeckte die Philippinen. Im Kampf mit Eingeborenen der Insel Maktan fand er den Tod. Nur ein Schiff konnte reich beladen mit Gewürzen nach Spanien zurückkehren – die Ausbeute der ersten Weltumsegelung. Der folgende portugiesisch-spanische Streit um die Gewürzinseln wurde friedlich beigelegt, die Welt in zwei Hemisphären aufgeteilt: Portugal behielt den Osten mit den Gewürzinseln, während Spanien der Handel mit der westlichen Welt zufiel.

Allerdings konnten sich die Portugiesen nicht lange über ihr Gewürzmonopol freuen. Mit ihrer neugegründeten Ostindien-Kompanie konzentrierten sich die Engländer nach 1600 zunächst auf Indien. Und ganz ähnlich organisiert versuchten die Holländer, die sich zu einer führenden Seemacht entwickelt hatten, die Portugiesen von den Gewürzinseln zu vertreiben. In einer an Grausamkeit und Härte kaum zu überbietenden Eroberungspolitik waren sie schließlich erfolgreich – zunächst mit Hilfe der Inselbewohner. Danach begann eine systematische Ausbeutung der Inseln. In der ersten Hälfte des 17. Jahrhunderts eigneten sich die Holländer nach und nach Ceylon, Banda, die Molukken und Java an und bauten Batavia, das heutige Djakarta, zu ihrem Hauptstützpunkt aus. Rigoros

*Der Augsburger Jakob Fugger (1459–1525) unterhielt weitreichende Handelsbeziehungen und ist unter anderem mit Gewürzen reich und mächtig geworden. Ganz „nebenbei" stiegen die Fugger so zu den größten Finanziers ihrer Zeit auf.*

*Das Kolonialreich der Niederländer stützte sich zu einem erheblichen Anteil auf den Gewürzhandel. Das bedeutete aber auch, Anbau, Ernte und Vermarktung von Pfeffer, Muskat oder Gewürznelke in einer „Ecke“ zu betreiben, die einen knappen halben Erdumfang von Europa weg ist: auf den Gewürzinseln oder Molukken, im Osten der indonesischen Inselwelt. Die niederländische Kolonialherrschaft ist längst zu Ende, die direkten und indirekten Folgen sind aber heute noch zu spüren. Am 25. April 1950 haben sich die Süd-Molukken für unabhängig erklärt. Kein halbes Jahr später eroberte Indonesien, damals selbst erst knapp ein Jahr von den Niederlanden als selbständig anerkannt, den kleinen Staat Süd-Molukken. Dessen Zentrum Ambon ist heute Hauptstadt der indonesischen Provinz Molukken. Exil-Ambonesen kämpfen von den Niederlanden aus für die Wiederherstellung der Republik Süd-Molukken.*

wurde jeglicher Handel mit den Portugiesen, aber auch den Engländern unterbunden. Um die Kontrolle zu behalten, durfte Gewürzpfeffer nur in eingegrenzten Plantagen angebaut werden. Einheimische, die sich widersetzten, wurden vertrieben und durch holländische Siedler ersetzt. Auf heimlichen Anbau stand die Todesstrafe. Muskatnüsse wurden vor dem Export in Kalklösung getaucht, um sie auf diese Weise keim- und fortpflanzungsunfähig zu machen.

Um die Preise auf dem europäischen Markt hoch zu halten, wurden immer wieder Teile der Ernte vernichtet, beispielsweise 1775 in Batavia über 100 Tonnen Muskatnüsse verbrannt. – Die handelspolitischen Praktiken unserer Tage folgen also alten Vorbildern. – Damals lag der Jahresertrag der holländischen Ostindien-Kompanie bei 8 Millionen Gulden, das sind auf heutigen Wert umgerechnet etwa 200 Millionen Mark.

Ende des 18. Jahrhunderts gelang es schließlich den Engländern, Gewürznelkenbäume auf Penang anzubauen. Und der französische Botaniker Pierre Poivre, der Verwalter der Insel Mauritius war, konnte Gewürznelken- und Muskatnußsamen aus den Gewürzinseln herausschmuggeln und mit Erfolg auf Mauritius anbauen. In vielen französischen Kolonien, auf den Seychellen, Réunion, Sansibar, in Französisch-Guayana und auf den Karibik-Inseln, entstanden weitere Plantagen. Fallende Preise, steigende Verwaltungskosten, die weit auseinanderliegenden Besitzungen sowie kriegerische Auseinandersetzungen mit den Engländern brachten die ostindische Kompanie der Holländer an den Rand des Ruins.

Für die Engländer war es Anfang des 19. Jahrhunderts nach einigem Hin und Her ein leichtes, die holländischen Positionen bis auf Java zu übernehmen und die Gewürzhandelszentren zu besetzen. Der Wiener Kongreß von 1815 und ein späterer Vertrag verfügten zwar noch einmal die Rückkehr der Holländer auf die Gewürzinseln, bald versuchten jedoch die Indonesier, sich von der Fremdherrschaft zu befreien. Somit fanden die für Europa goldenen Zeiten des Gewürzhandels allmählich ein Ende. 1949 schließlich traten die mittlerweile souveränen „Vereinigten Staaten von Indonesien“ an die Stelle der Europäer.

## Gewürzhandel heute

Im großen Stil exportieren heute Indien und Sri Lanka (Ceylon) die Gewürze Pfeffer, Kardamom, Zimt, Kurkuma, Ingwer, Kreuzkümmel und Chili. Aus Indonesien ausgeführt werden Pfeffer, Muskatnuß, Macis, Ingwer, Kardamom, Gewürznelken sowie Vanille, aus Brasilien Pfeffer, Ingwer und Gewürznelken, von der Insel Madagaskar Vanille, Gewürznelken und Pfeffer, wie ja unser Bild auf Seite 2 zeigt. Über 80 % der Gewürzexporte stammen aus Entwicklungsländern, wo sie meist den Hauptwirtschaftszweig bilden und zur Existenzgrundlage der Bauern beitragen. Natürlich bemühen sich die Erzeugerländer, Preisschwankungen zu begegnen, indem sie sich der Nachfrage besser anpassen.

Um den Gewürzhandel mit einem Jahresvolumen von schätzungsweise 350 000 Tonnen besser koordinieren zu können, wurde 1983 die International Spice Group gegründet. Mitglieder sind sowohl Export- als auch Importländer.

Hauptumschlagplätze und Zwischenlager befinden sich heute in Singapur, vor allem für Pfeffer, Zimt, Gewürznelken, Anis, Koriander, Kreuzkümmel und Vanille, und in Hongkong für Ingwer, Chili und Kassia aus China.

Die wichtigsten Importländer sind nach den USA Deutschland, Japan und Frankreich.

*Der Nelkenbaum, von dem Gewürznelken gewonnen werden, gedeiht in tropischen Gebieten, so auch auf den Süd-Molukken. Dieser Mann prüft die Qualität von Nelken, die von einer Kooperative erzeugt wurden.*

# Gewürz- und Kräuterkunde

*„Ich würze ein Essen nicht so wie die anderen Köche. Sie servieren in ihren Gerichten ganze Wiesen – sie füttern die Gäste wie grasendes Vieh, indem sie ihnen Grünzeug aufdrängen, das sie mit noch mehr Grünzeug würzen. Hinein kommen frischer Koriander, Fenchel, Knoblauch und Pastinaken, nebendran liegen Sauerampfer, Kohl und Mangold; sie … hauen obendrauf eine Ladung Senfkörner. Das Zeug ist dann so scharf, daß ihnen selbst die Augen tropfen, noch ehe sie's kleingehackt haben …"*
*Plautus, römischer Komödiendichter (etwa 254 bis 184 v. Chr.).*

Als Gewürze werden naturbelassene aromatisch milde bis scharfe Substanzen bezeichnet, die aus Teilen von Pflanzen, meist tropischen Ursprungs, gewonnen werden. Dagegen werden heimische Kräuterpflanzen überwiegend unverarbeitet verwendet. Wichtige Gewürzpflanzen wie Pfeffer, Ingwer, Gewürznelken, Muskatnuß und Zimt sind in den asiatischen Tropen beheimatet. Nelkenpfeffer, Piment, Chili und Vanille stammen aus Mittel- und Südamerika. Die Mittelmeerregion, Kleinasien und der Orient bringen aromatische Pflanzen wie Koriander, Bockshornklee, Fenchel, Mohn, Safran und Senf hervor, kühle Gegenden dagegen leisten mit Dill, Kümmel und Wacholder ihren Beitrag zu der großen Palette der Gewürzkräuter. Der heute gebräuchliche Sammelbegriff „Gewürz" leitet sich von dem mundartlichen „Wurz" ab, das soviel wie Kraut oder allgemein Pflanze bedeutet.

**Europäisch-arabische Kochkunst durch die Zeiten**

Die Kunst des Kochens besteht darin, mit Hilfe von Kräutern und Gewürzen den Eigengeschmack der Speisen so zu verbessern, daß dieser dabei veredelt oder akzentuiert wird, auf keinen Fall jedoch verlorengeht. Griechen und Römer würzten hauptsächlich mit Honig und Essig, einer großen Zahl verschiedener Kräuter und Gewürze sowie einer fermentierten Fischsauce, in der hauptsächlich Sardellen und Salz steckten, genannt *garum* oder *liquamen.* Die Griechen importierten Pfeffer, Ingwer und Kassia. Anis, Koriander, Safran und Mohn, Majoran, Minze und Thymian dagegen waren in ihrem Land heimisch. Sie bemühten sich, ein ausgewogenes Verhältnis zwischen den süßen, sauren, bitteren und anderen Geschmacksrichtungen zu erreichen. Die Römer indes neigten mehr zum Süßen: Honig und Traubensirup fanden sich in fast allen Saucen wieder, auch Wein wurde mit Honig zu einem süßen Aperitif namens *mulsum* vermischt.

Die römische Küche unterschied sich von der griechischen wohl hauptsächlich durch den Gebrauch enormer Mengen von Gewürzen und die Allgegenwart von *garum* (s. o.), obwohl diese recht teuer waren. Man stellte seinen Reichtum zur Schau, worüber sich der Dichter Plautus in einer seiner Komödien mokierte (s. links am Rand). Im islamischen Reich der

*So manches Kraut ist auch in unseren Breiten heimisch: Pfefferminze duftet und schmeckt stark. Sie läßt sich frisch für Süßspeisen, aber auch für Chutneys und Relishes verwenden, prägt Öle und Essig, in die sie eingelegt wird, und ergibt getrocknet einen ausgezeichneten Tee.*

Kalifen entwickelte sich neben Wissenschaft, Medizin und Kunst eine hohe Eßkultur. Man würzte mit Pfeffer, Gewürznelken, Kardamom, Muskatnuß, Zimt, Ingwer, Safran und Rosenwasser, wogegen Gewürze in den nördlichen Ländern eher Mangelware waren. Das änderte sich erst mit den Kreuzzügen, in deren Folge sich in Paris etwa gegen Ende des 14. Jahrhunderts Saucenköche etablierten. Sie boten *Cameline* feil, eine aus Ingwer, Pfeffer, Muskatblüte, Zimt, Gewürznelken, Essig und Brot bestehende Paste oder Sauce.
In Deutschland hatte das Weihnachtsfest mit seinem Lichterglanz mitten im Winter seit eh und je einen hohen Stellenwert. Dazu leistete man sich in Gestalt von Nürnberger Lebkuchen auch einmal etwas Besonderes. Ein paar Lebkuchen mußten auch nur lange genug aufgehoben werden; einmal hart, ließen sie sich als Gewürz in viele Speisen reiben. Andere Art von Würze blieb aber bis weit ins 17. Jahrhundert das Privileg der Reichen.

**Das Spektrum erweitert sich**

Was man als „nationale Vorlieben“ bezeichnen könnte, hat sich im Lauf von Jahrhunderten entwickelt. Während zum Beispiel die Deutschen Kümmel und Liebstöckelsamen vorziehen, lieben die Italiener neben Kapern, Knoblauch und Olivenöl mehr den Fenchelsamen. In Ligurien, wo Kräuter in üppiger Fülle gedeihen, wird daraus eine würzige Paste bereitet, der *pesto* (Rezept S. 90): aus Basilikum, Salz, Pfeffer, Knoblauchzehen, Pinienkernen, Parmesan und Olivenöl. Die Franzosen kennen etwas Ähnliches, den *pistou*. In der *Soupe au pistou* kommt das würzige Aroma am besten zur Geltung. Kräuter, frisch oder getrocknet, haben in der französischen Küche einen hohen Stellenwert. *Herbes de Provence* sind eine Mischung aus Rosmarin, Salbei, Thymian, Majoran, Basilikum, Fenchel, Oregano und Minze. Oft werden noch Lorbeer und Lavendel hinzugefügt. Sie passen zu vielen Gerichten, so zu Eintöpfen und Gemüse, speziell zu Tomaten und gegrilltem Fleisch. *Quatre épices,* eine klassische Gewürzmischung aus schwarzem Pfeffer, geriebener Muskatnuß, Gewürznelken und getrocknetem Ingwer, wird nicht nur zu Eintöpfen und bei der Wurstherstellung benötigt. *Bouquet garni,* die französische Bezeichnung für ein Kräutersträußchen, ist aus der Kochpraxis nicht wegzudenken. Die klassische Kombination aus einigen Petersilienstengeln und je einem Thymianzweig und Lorbeerblatt kann je nach Geschmack und Verwendung entsprechend erweitert werden, beispielsweise mit Oregano, Rosmarin und Orangenschale. Suppenkräuter bestehen aus einem Bündel Petersilie, Liebstöckel, Rosmarin, Selleriegrün, die zum Suppengemüse ergänzt werden können durch Petersilienwurzel, Lauch, Sellerieknolle und Selleriestange, Karotte und Blumenkohl. Beliebt sind gespickte Zwiebeln. Sie können mit je einem Lorbeerblatt und/oder einigen Gewürznelken versehen werden und passen zu Schweinerippchen, Eisbein, Schinken, Leberknödeln oder weißen Saucen. Gewürzbeutel – *Sachet d'épice* – werden benötigt, wenn Gewürze und zerkleinerte Kräuter beispielsweise beim Kochen heller Gerichte sich nicht verteilen sollen. Sie werden vor dem Servieren wieder entfernt. Die kleinen schwarzen oder braunen Samenkörner der Senfpflanze sind scharf und aromatisch; die gelblichen der weißen Senfpflanze dagegen mild. Aus ihnen wird mit weiteren Zutaten die ganze

*Ist es Zufall, daß hier die Vogelscheuche mitten im Meerrettich steht? – Wir jedenfalls lassen uns nicht schocken von der beißend scharfen Pfahlwurzel. Sie wird in allen Monaten mit „r" frisch angeboten und sorgt selbst bei sparsamer Verwendung dank ihrer ätherischen Senföle in Saucen, Suppen, Fisch- und Fleischgerichten für einen eigenständigen Geschmack.*

*Ein unbekannter griechischer Autor des 4. Jahrhunderts v. Chr. legt in „Die Philosophie der Musik und des Kochens" dar, worauf es Kennern immer schon angekommen ist: „... Die kühnsten, die variantenreichsten Tonfolgen erwecken die größte Begeisterung. So ist es, wenn Köche Speisen und Getränke für uns bereiten, indem sie Gerichte aus unterschiedlichen und ähnlichen Ingredienzien erschaffen. Einmal variieren sie die Zutaten, dann bedienen sie sich derselben, aber mit neuer Wirkung. Wenn einer alles gleich macht, entsteht kein Eßvergnügen, und wenn einer alle Ingredienzien demselben Gericht zufügt, ist es auch nicht recht. Die Noten in der Musik tönen manchmal hoch, manchmal tief. Die Zunge kostet die Speise, als wäre sie Musik; sie unterscheidet Mißklang und Einklang in allem, womit sie in Berührung kommt. Wenn die Zunge den Einklang empfindet, dann macht diese Musik Freude, und wenn es daran fehlt, so bereitet es Pein."*

Palette unterschiedlicher Sorten Tafelsenf hergestellt, einer Würzpaste, die schon im 4. Jahrhundert in Griechenland beliebt war. Unvergleichlich in ihrer Würzkraft sind die kostbaren Trüffeln, eine edle Pilzart, die von Feinschmeckern auf der ganzen Welt sehr geschätzt werden. Die schwarzen Trüffeln aus dem Périgord bringen ihr wundervolles Aroma bereits bei der Zubereitung der Gerichte voll zur Entfaltung. Die weißen Trüffeln aus der Gegend von Alba im italienischen Piemont hingegen werden am besten erst über fertige Gerichte wie Pasta und Risotto hauchdünn gehobelt.

Glattblättrige Petersilie genießt in Spaniens Küche einen bevorzugten Platz und bildet unter anderem die Grundlage der pikanten grünen Sauce *Salsa verde*. Hinzu kommen Knoblauch, Schalotten und Olivenöl. Diese Sauce schmeckt besonders zu Fisch- und Fleischgerichten und ist auch in den eher trüben Wintermonaten ein frischer Anblick.

Essig ist ein vielseitiges Würzmittel, nicht nur für Salate, Eingelegtes oder zum Konservieren von Lebensmitteln. Jede Region hat ihre Spezialität entwickelt. *Aceto balsamico,* Balsamessig aus

Modena, ist mit seinem unvergleichlichen Aroma eine Bereicherung für die Küche. Rot- und Weißweinessig stammen aus Ländern mit Weinanbaugebieten. Malzessig, aus gemälzter Gerste hergestellt, eignet sich gut zum Einlegen von wasserhaltigen Gemüsen wie Gurken.

In England lassen sich *Pickles,* eingelegtes Gemüse in Gläsern, stets bestens verkaufen. In der Beliebtheitsskala folgen Sardellen-

essenz, Worcestershiresauce – die berühmte Würzsauce aus Soja, Zitronen- und Tamarindensaft, Zwiebeln, Essig und verschiedenen Gewürzen – sowie Ketchup, eine Würzsauce aus Ostindien, mit Pilzen in Tomatenmark und scharfen Gewürzen. Aus Mittelamerika kam die scharfe Tabascosauce hinzu. Im 19. Jahrhundert erfand Maggi seine heute immer noch bekannte Würzsauce. Obwohl sie weder Kräuter noch Gewürze enthält, verbreitete sie sich schnell, vor allem in Deutschland. – Das Geheimnis des nach Liebstöckel tendierenden Aromas beruht auf Wasser, Salz, Aroma, Hefeextrakt und Glutamat.
Heute werden Gewürze überall zu erschwinglichen Preisen angeboten. Wieviel und in welcher Zusammensetzung jeweils davon verwendet wird, entscheidet jeder nach seinem persönlichen Geschmack.

*Nicht nur in exotischen Gefilden, auch in unseren Breitengraden gedeihen viele kulinarisch wertvolle Kräuter und Gewürze – wie hier in diesem niederbayerischen Bauerngarten.*

# Ferne Länder – exotische Aromen

*Einige Bemerkungen zu Asien zu Beginn, ehe einzelne Länder betrachtet werden: In ganz Südostasien sind Fischsaucen als Würzmittel – auch als Tischwürze – sehr beliebt. Die dickflüssige braune Austernsauce paßt gut zu Fisch, Fleisch, Gemüse und Nudeln. Garnelenpaste, in Thailand Gapi genannt, besteht aus sonnengetrockneten Garnelen und Salz. Sie verleiht Saucen, Suppen und Currys die gewünschte Würze.*
*Sesamöl, das aus gerösteten Samen der krautartigen Pflanze durch Kaltpressung gewonnen wird, dient mit seinem reichen nußartigen Geschmack zum Verfeinern vieler ostasiatischer Gerichte. Sesamöl aus dem Vorderen Orient hingegen wird aus den rohen Samen gewonnen, ist heller in der Farbe und milder im Geschmack. Und schließlich Sojasauce: Aus fermentierten Sojabohnen, Weizen oder Gerste, Salz, Zucker und Hefe hergestellt, zählt sie in der Küche Chinas und Japans zu den wichtigsten Geschmacksverstärkern.*

Mit Kräutern und Gewürzen geht man in den verschiedenen Regionen und Kulturkreisen unterschiedlich um: In heißen Klimazonen wird im allgemeinen schärfer gewürzt als in gemäßigten Breiten; oft einfach aus Gewohnheit, häufig aber auch, weil die jeweils heimischen Nahrungsmittel unterschiedlichste Gewürze erlauben – oder sogar fordern.

**China – Würzmischungen und Trockenprodukte**

Extreme Klimaunterschiede in dem riesigen Land spiegeln sich in der Landwirtschaft und den ausgeprägten Regionalküchen wider. Dennoch haben sich die Garmethoden Kochen, Dämpfen, Fritieren, Schmoren und Pfannenrühren im Wok sowie die Vorliebe für Sojasauce überregional durchgesetzt. Darüber hinaus gibt es mehrere typisch chinesische Gewürzmischungen für Geflügel, Fleisch und Marinade. Allgemein beliebt ist die Fünf-Gewürze-Mischung. Dieses gelbe bis braune Pulver besteht aus je ½ Anteil Kassia oder Zimt und Gewürznelken und je 1 Anteil Sternanis, Fenchelsamen und *Fagara.*
Fagara, auch Szetschuan- oder Sichuanpfeffer, Anispfeffer oder Chinesischer Pfeffer genannt, wird aus den rotbraunen, getrockneten Beeren des chinesischen Gelbholzbaumes gewonnen, ist jedoch mit der Pfefferpflanze botanisch nicht verwandt. Wer mag, nimmt zu den 5 Gewürzen noch weitere hinzu: Kardamom, getrockneten Ingwer oder auch Süßholzwurzel. Sparsam verwendet man diese Mischung für Marinaden und zu Fisch, Fleisch und Geflügel.
Oft steht auch Gewürzsalz auf dem Tisch: für rohe oder gebackene Gemüse, gebratenes Fleisch und Geflügel. Dazu werden 1 Anteil grobes Salz und ½ Anteil Fagara in einer Bratpfanne bei mäßiger Hitze geröstet, bis das Fagara leicht dunkel wird. Nach dem Abkühlen wird alles gemahlen.
Trockenprodukte sind in der chinesischen Küche ebenfalls sehr beliebt. Sie verleihen manch einfacher Speise eine unverwechselbare Geschmacksnote und beeinflussen auch die Konsistenz. Besonders zu erwähnen sind Pilzarten wie Baum- und Blumenpilze, Strohpilze, auf Reisstroh gezüchtet, getrocknet und als Dosenware angeboten, Holzohren, vorwiegend in Westchina kultiviert, ebenso die bekannten

*In Japan Shi(i)take, in China Tongku genannt: würzige Pilzarten, auf Baumstämmen gezüchtet.*

Wolkenohren oder „chinesischen Morcheln", die noch besser schmecken. Weitere getrocknete Würzprodukte sind: Tangerinenschalen, die gern zusammen mit Sternanis und Fagara verwendet werden. Getrocknete rote Datteln, pflaumenartige Früchte des Jujube-Baums, dienen oft zum Süßen. Goldnadeln, leicht bitter im Geschmack, sind getrocknete Blütenknospen der Tigerlilie. Gesalzene, getrocknete Austern oder andere Muscheln geben vielen Gerichten einen salzig-rauchigen Geschmack, ebenso getrocknete Shrimps. Getrocknete Haifischflossen, eine – angesichts der Fangmethoden „zweischneidige" – Delikatesse, gelten auch als beliebte Suppenwürze. Die fleischige Tiefseemuschel *Abalone,* getrocknet oder in Dosen, verfeinert manche Sauce.

**Japan – die gepflegte Zurückhaltung**

Zunächst ein gewisser Gegensatz zur Überschrift: der „japanische Meerrettich". *Wasabi* heißt die Pflanze, eine Berg-Stockrose, die an sumpfigen Ufern kalter Gebirgsbäche gedeiht. Ihre Wurzeln schmecken scharf und riechen beizend. Sie werden getrocknet und dann gerieben als Pulver oder als Paste angeboten: zu den meisten Gerichten aus rohem Fleisch, zu *Sashini* – in dünne Scheiben geschnittener roher Fisch –, zu Meeresfrüchten und Fisch. Ein Abrunden mit Sojasauce ist bei vielen Zubereitungen die Regel.

Für *Sansho* werden die Außenhüllen der reifen, stacheligen Früchte des Eschenbaumes getrocknet und grob gemahlen. Dank des unvergleichlichen Aromas eignet sich Sansho gut zum Würzen von Suppen und gekochtem Fisch, aber auch als universelle Streuwürze. Außerdem haben Chillies, Senf, Ingwer und vor allem Sesam, *Goma* genannt, in der japanischen Küche einen festen Platz. *Gomasio* ist ein Tafelgewürz: aus 5 Teilen schwarzem Sesamsamen, leicht geröstet und gemahlen, und 2 Teilen grobem Salz. Aus Goma, geröstet, ganz oder gemahlen, bereitet man Saucen und Dressings oder streut das Gewürz über die fertigen Speisen.

Eine beliebte Gewürzmischung ist *Shichini togarashi,* die Sieben-Gewürze-Mischung. Sie wird in der Küche und am Tisch für Eintopf- und Nudelgerichte verwendet. *Dashi,* eine Allzwecksauce aus *Kombu,* einer Algenart, und

getrockneten Bonito-Flocken (Bonito ist ein Pazifikfisch), ist ein unentbehrliches Würzmittel für Marinaden, Suppen und gekochte Gerichte. Zum Süßen nimmt man gern für Marinaden und Dip-Saucen den gesüßten Reiswein *Mirin.* Des weiteren verleihen getrocknete Mandarinenschalen, getrockneter Seetang, Mohnsamen u. a. m. den japanischen Gerichten ihr typisches Aroma.

**Thailand – leicht, bekömmlich und würzig**

Nirgendwo in Asien wird leichter – beinahe ohne Fett –, bekömmlicher und würziger gekocht. Das mag mit an der häufig verwendeten Kokosmilch liegen. Sie nimmt dank ihrer milden Süße aber mancher starken Würze die Schärfe. Obwohl China näher liegt als Indien, ist Curry eines der wichtigsten Würzmittel. Die Thai-Currys setzen sich anders zusammen als die indischen: Salz und getrocknete rote oder grüne Chillies als Hauptbestandteile, dazu frische Kräuter und Gewürze wie Knoblauch, Schalotten, Zitronengras, Pfeffer, Koriander- und Kreuzkümmelsamen, gehackte Korianderwurzeln, gemahlene Galangawurzeln oder Galgant – Galanga ist mit Ingwer verwandt –, abgeriebene Limonenschalen und etwas *Trassi,* eine feste Paste aus Garnelen. Obwohl die äußerst scharfen Chillies erst vor etwa 400 Jahren von den Portugiesen eingeführt wurden, sind sie zu einem wichtigen Bestand-

*Wir wissen nicht, was man hier in Tokio nach der Arbeit alles ißt; Sushi oder Sashini, roher Fisch in dünnen Scheiben, wird dabei sein, sicher auch Gewürze. Doch eines steht fest: Im Vergleich zu anderen asiatischen Küchen würzt man in Japan mit nur wenigen aromatischen Zutaten und verwendet sie generell auch vorsichtig und sparsam – ein Merkmal japanischer Eßkultur.*

*Wir sind auf der indonesischen Insel Ambon oder Amboina, Teil der Molukken, der „Gewürzinseln“. Die besten Gewürznelken sollen dort wachsen. Hier trocknen die Blütenstempel des tropischen immergrünen Ebenholzbaumes noch, aus denen später die rötlich- bis dunkelbraunen Gewürznelken werden.*

teil der Thai-Küche geworden. *Nam Prik* heißt eine scharfe Paste aus Chillies mit Knoblauch, Schalotten, Trassi, Tamarinde (als Konzentrat) und Pflanzenöl, die man zu Reis und Fisch ißt: variabel von jedem Koch und je nach Region gemischt. In Verbindung mit Fischsauce – der *Nam Pla* – verfeinert *Nam Prik* die verschiedensten Gemüse.

**Indonesien – reichlich Schärfe gefällig?**

Hier wird gut und reichlich gewürzt mit Kräutern, Zitronengras, Galangawurzel oder Galgant, Ingwer, Tamarinde – als Paste und getrocknet –, natürlich auch mit Knoblauch und Zwiebeln. Und dann mit Chillies: Grundlage für die scharfe Würzpaste *Sambal Oelek,* die hauptsächlich mit Salz und braunem Zucker gemischt wird. Eine weitere, etwas aufwendigere Variante ist *Sambal Badjak,* das der thailändischen *Nam Prik* ähnelt. *Sambal Goreng* entsteht durch Zugabe von Kokosmilch, Lorbeer- und Limettenblättern, Knoblauch, Kreuzkümmel, Galgant und einer scharfen Garnelenpaste. Manchmal werden die Samen der Chillies mitverarbeitet, was die Schärfe noch beträchtlich erhöht. Ob mit Chili oder der spitzen, tiefroten indonesischen Chili-Art *Lombok: Sambal Goreng* dient als Küchen- wie als Tischwürze und gerne als Appetithappen. *Ketjap* ist die indonesische Variante der Sojasauce: *Ketjap asin* dünnflüssiger und salziger, *Ketjap manis* breiiger und süßer. Insgesamt ähnelt die Kochkunst in Malaysia der des Nachbarstaates Indonesien.

**Indien – ein Kontinent der Aromen**

In keinem Land der Erde – jedenfalls beim Essen in Mittelklasse-Haushalten und -Restaurants – kann so leicht eine Ahnung aufkommen, wie es sich im Paradies leben mag. Alles ist bunt, schon in der Dekoration wird mit Blumen und Blüten nicht gespart. Diesem Fest fürs Auge folgt das für Zunge, Gaumen und Nase – auch dank der vielfältigen Gewürzmischungen.

*Garam Masala – Masala* heißt bereits „Gewürzmischung“ – ist die wichtigste des Nordens und besteht im einfachsten Fall aus 2 bis 3 Kräutern und Gewürzen, meist aber aus einem Dutzend und mehr. Mit schwarzem Pfeffer und Nelken wird sie schärfer, mit Muskatblüte, Kardamom und

*Die vor Jahrhunderten nach Indien eingeführten Chillies sind auch dort zu einem festen Bestandteil des Gewürzspektrums geworden. Oben leuchtend rot Chillies auf dem Trockenplatz, kräftig rot und orangegelb der getrocknete Safran auf dem Teller darunter: nur zwei von unzähligen Farben, die in Indien fast das ganze Leben prägen.*

*Wieder zurück auf den Molukken, den „Gewürzinseln“: Muskatnüsse sind zum Trocknen ausgebreitet. „Nüsse“ nennt man sie vor allem wegen ihrer Form. Sie sind aber Samenkerne, deren abgetrennte Hüllen erst beim Trocknen so fest werden, daß sie gemahlen werden können – zu dem Gewürz Macis oder Muskatblüte, das etwas feiner im Geschmack ist als die gemahlene „Nuß“.*

Zimt aromatisch feiner. Im Süden fallen *Garam Masala* wie auch die Curry-Pulver-Variante ungleich schärfer aus. Zum Curry gehören fast immer getrocknete rote Chillies. Inder bezeichnen ihre Gerichte nicht pauschal als Currygericht, sondern als *Molees,* wenn sie mit Kokosmilch, als *Kormas,* wenn sie mit Joghurt und als *Vindaloos,* wenn sie mit Essig zubereitet werden.
*Asant* oder *Asa foetida* ist ein innerhalb Asiens vornehmlich in Indien benutztes Gewürz. Dieses aus den Wurzeln einiger Salzsteppenkrautarten Irans und Afghanistans hergestellte harzartige Gewürz besitzt einen unangenehmen Geruch, der beim Kochen jedoch verfliegt, daher auch der Name Teufelsdreck. Damit werden Fisch, Hülsenfrüchte und Gemüse sowie Saucen, Chutneys und Pickles sparsam gewürzt.

**Vorderer Orient – aus Tradition gut gemischt**

Die Hochkulturen früherer Zeiten, Sultane und Kalifen, aber auch einfache Bauern und nomadisierende Beduinen haben hier ihre Spuren hinterlassen. Aus den Zeiten des Gewürzhandels stammt die Vorliebe für exotische Gewürze wie Gewürznelken, Ingwer, Kreuzkümmel, Muskatnuß, Pfeffer oder Sesam. Kräuter wie

Basilikum, Koriander, Rosmarin oder Thymian sind im jeweiligen Lande selbst zu finden. Oft werden Orangenblüten und Rosenwasser zum Aromatisieren verwendet. Während in den arabischen Ländern, im Iran und in der Türkei die Speisen eher aromatisch gewürzt werden, zieht man an den Küsten des Persischen Golfs scharf gewürzte Speisen vor. *Baharat* ist solch eine feurige Gewürzmischung aus den Golfstaaten, die zu Gemüse und Fleisch gereicht wird. Sie enthält Pfeffer, Koriandersamen, Kreuzkümmel, Zimt, Gewürznelke, Kardamom, Piment und rote getrocknete und gemahlene Chillies. *Zhug,* eine im Jemen beliebte Paste, besteht aus Knoblauch, Pfefferschoten, Chillies, Koriander, Kardamom und Zitronensaft und verleiht als Tischgewürz Suppen und Eintöpfen Schärfe. *Tahin,* eine Paste aus Sesammehl und Olivenöl, ist eine Zutat zu Dips und wird als Vorspeise – *mezze* – mit arabischem Brot serviert.

**Nordafrika, Maghreb – von jedem das Beste**

In der Eßkultur der nordafrikanischen Länder Algerien, Marokko und Tunesien finden sich Einflüsse vieler fremder Kulturen aus Jahrtausenden wieder: der Perser, Phönizier, Römer, Türken, nicht zuletzt der Franzosen. Auffällig ist die Vorliebe für Süßes, so auch in Verbindung von Fleischgerichten mit Früchten wie Datteln und Feigen.

Richtiges Würzen hat einen hohen Stellenwert und gibt Auskunft über Koch und Können. Während in Tunesien viele Speisen mit Chillies, Pfeffer, Ingwer scharf gewürzt sein müssen, bevorzugt man in Algerien im allgemeinen aromatische Gewürze, in Marokko eine kräftige Vielfalt beider.

Die typisch tunesische Gewürzmischung *Tabil* – wörtlich „Koriander", jedoch eine Mischung aus Koriander, Kümmelsamen, Knoblauch und etwas getrocknetem Chili – wird zur Zubereitung von Fisch-Couscous gebraucht. Beliebt ist auch *Harissa,* eine sehr scharfe Gewürzpaste, die vor allem für *Tagines* – Pasteten – oder für Gemüsegerichte und Couscous benutzt wird (Rezept S. 86). *Chermoula* ist eine würzige Paste aus Zwiebeln, Knoblauch, Koriander, Chillies, Salz, Pfeffer und Safran, die man gern zum Marinieren von Fisch, Geflügel, Lamm und Kaninchen nimmt.

*Vanillestangen in der olfaktorischen Prüfung auf Madagaskar – oder um es anders auszudrücken: im Riechtest. Erst wenn die Schoten einer tropischen Orchideenart monatelang getrocknet, gereift und komplex behandelt wurden, haben sie ihr typisch sanftes Aroma entwickelt und eignen sich als Gewürz.*

*Aufschlußreich ist ein Vergleich zwischen der chinesischen Fünf-Gewürze-Mischung und der tunesischen Qalat dagga: In der asiatischen Mixtur stecken Sternanis, Fenchelsamen, Fagara (Sichuanpfeffer), Gewürznelken und Kassia oder Zimt, die nordafrikanische wird aus Nelken, schwarzen Pfefferkörnern, Zimt, Muskatnuß und Malagetta-Pfeffer, einer Kardamom-Art, gemischt. Bleiben wir im Maghreb: Ras el hanout ist eine Mischung aus 20 oder mehr Zutaten, darunter Kardamom, Muskatnuß und -blüte, Galgant, Gewürznelke, Koriander- und Fenchelsamen, Piment, Kreuz- und Schwarzkümmel, Rosenknospen, Lavendelblüten, Eschenbeeren, Paradieskörner und je nach Geschmack noch viel mehr. Der jeweilige Tagesbedarf wird frisch gemahlen und für Fleisch- und Reisgerichte, Couscous und tajine oder tagine verwendet. Ras el hanout bedeutet „Wahl des Ladenbesitzers“ oder „Geschäftsführers“.*

Häufig werden im Maghreb Gewürze, bevor sie im Mörser zerstoßen werden, in einer trockenen Pfanne unter ständigem Rühren leicht angeröstet, um den Geschmack zu intensivieren.

**Nordamerika – viele Völker, viele Küchen**

Im Land der unbegrenzten Möglichkeiten kennt man keineswegs nur Fast Food und Fertiggerichte. Dennoch werden auch die Gewürzmischungen industriell hergestellt und gleich fertig zum Gebrauch angeboten. Dabei sollen die Bezeichnungen wie Hühnergewürz, Krabbengewürz, Grillgewürz, Barbecue-Gewürzmischung jede Fehlverwendung vermeiden helfen. Nur selten kommt jemand auf die Idee, selbst zu mischen.

Im Vergleich zur früher eher einfachen Kombination der Zutaten wird heute in den Südstaaten mit Kräutern und Gewürzen großzügig umgegangen, wobei sich in der Tex-Mex-Küche leicht die Ursprünge der Südstaaten-Küche mit ihren indianischen, südwesteuropäischen und afrikanischen Elementen nachweisen lassen. Die kreolische Küche ist sehr pikant und entspricht eher der Mittelmeerküche. Die Kochkunst der Cajuns, einer Gruppe von französischen Auswanderern, die im 18. Jahrhundert aus Neuschottland vertrieben wurden und in New Orleans eine neue Heimat fanden, ist traditionell geblieben. Cayennepfeffer und scharfe Chillies dominieren. *Filé powder*, aus gemahlenen Sassafras-Blättern, wird zum Binden des Gemüseeintopfs aus *Gumbos* – afrikanische Bezeichnung für Okra – verwendet, jedoch auch für Gerichte mit Fischen und Meeresfrüchten.

**Mexiko – bunt, fruchtig, vielfältig und Chillies**

Die Vielfalt der mexikanischen Küche hat mehrere Ursachen: Zutaten wie Mais, Kartoffeln, Avocados, Tomaten, Kakao, Vanille aus der traditionellen Küche der indianischen Bewohner und die Einflüsse und Vorlieben der spanischen Einwanderer.

Herausragend ist jedoch die Stellung der vielen Sorten Chillies. Es soll davon mehrere hundert geben, und man nimmt sie in allen erdenklichen Reifestadien: frisch, unreif, grün oder frisch gereift und getrocknet, von mild bis brennend oder höllisch scharf. Die einen werden frisch süß-sauer eingelegt *(Chile de*

*árbol),* andere mit Hackfleisch oder Käse gefüllt *(Chile poblano),* wieder andere ergeben fein gemahlen die Grundlage für Cayennepfeffer und für die bekannten Würzsaucen, die *salsas* und *moles.* Chillies werden getrocknet und geräuchert, dann weiterverarbeitet zu *salsas* und Gewürzmischungen, und man kann sie einfach auch frisch geerntet und fein geschnitten in Gemüsegerichte tun.
*Salsa cruda* und *Salsa verde* sind zwei der bekanntesten Würzsaucen mit Tomaten, Zwiebeln und Chillies. *Guacamole,* eine dicke Sauce voller Aroma, aus pürierten Avocados, *Chiles serranos,* weißen kleinen Zwiebeln, feingehackten Korianderblättern, Salz, Zitronensaft und Olivenöl, manchmal auch mit Knoblauch oder Tomaten, paßt gut zu Tortillas und Geflügel wie Truthahn. Tabasco ist eine scharfe Würzsauce – nur in Spritzern zu verwenden! – aus roten Chilischoten, die mit Salz gemahlen, in Eichenfässern bis zu 3 Jahre gereift und dann mit Essig versetzt wird. Außer Chillies spielen in der mexikanischen Küche hauptsächlich Oregano, schwarzer Pfeffer und frischer Koriander – im Spanischen *cilantro* genannt – eine große Rolle. Für typisch mexikanische Gerichte werden verschiedene Gewürzmischungen, *recados,* verwendet. Pikante Saucen wie moles mit Schokolade zu verfeinern, ist eine Erfindung der Azteken. Klöße, Fisch und Fleisch können davon profitieren.

*Lacht die junge mexikanische Frau so unbefangen in die Kamera, weil der Mann am Imbißstand mit dem flotten Hut einen Witz gerissen hat? Oder schmeckt es ihm etwa nicht? – Eigentlich undenkbar, denn Mexikos Küche gilt als eine der besten der Welt, auch oder gerade bei den schnellen Kleinigkeiten.*

# Einkauf, Anbau, Haltbarmachen

*Der Idealzustand: Im Garten wächst das, was ein Küchenchef gerade braucht. Er – soeben mit der Menüplanung fertig – kommt, schneidet oder zupft sich die benötigte Menge ab und verwöhnt danach die Gaumen seiner Gäste mit ganz frisch zubereiteten, durch Kräuter gut gewürzten Speisen.*

Frisch gekauft und noch nicht zerkleinert, bewahren alle Gewürze das Aroma am besten. Bei Bedarf nehmen Sie nur die benötigte Menge, die sich innerhalb kurzer Zeit mahlen oder im Mörser zerstoßen läßt. Gewürze, die als Pulver, gemahlen oder gerebelt angeboten werden, kauft man besser nur in kleinen Mengen. Alle Gewürze sollten lichtgeschützt und gut verschlossen in Gläsern kühl lagern.
Die meisten Kräuter gibt es fast das ganze Jahr über im Handel zu kaufen. Achten Sie darauf, daß beispielsweise Grün wirklich grün ist und die Pflanzen ausgesprochen frisch wirken. Bis zum Verbrauch kann man die gekauften Kräuter für kurze Zeit in mit Wasser gefüllte Gläser an einen kühlen Ort stellen. Auch in ein feuchtes Tuch oder Papier eingeschlagen, vertragen manche Kräuter einige Stunden im Gemüsefach des Kühlschranks.
Die frisch gekauften, gepflückten oder geschnittenen Kräuter dürfen nur kurz unter fließendem Wasser gewaschen und sollten dann mit Küchenpapier trockengetupft werden. Zweige und Blätter kann man ganz oder zerkleinert den Speisen zufügen. Zum Zerkleinern nimmt man ein scharfes Messer oder besser ein Wiegemesser, denn wenn Kräuter gequetscht werden, verlieren sie schnell zuviel Aroma.

**Anbau**

Wirkliche Frische garantiert nur der Anbau im eigenen Garten, in Blumenkästen oder im kleineren Umfang in Töpfen auf dem Balkon oder auf der Fensterbank. Hierfür eignen sich besonders Basilikum, Salbei, Schnittlauch, Dill, Kresse, Beifuß, Sauerampfer und Zitronenmelisse. Die Ansprüche der Kräuter sind unterschiedlich. Die meisten lieben die Sonne, doch einige gedeihen besser im Halbschatten, wie zum Beispiel Kerbel, Schnittlauch oder Zitronenmelisse.
Je nachdem, welches die ursprüngliche Heimat und der beste Standort des Krautes ist, eignet sich eine Bodenart mehr, die andere mäßig, manche überhaupt nicht für bestimmte Kräuter. Auf Kalkböden gedeihen Bohnenkraut, Lavendel, Majoran, Oregano, Pimpinelle, Rosmarin und Ysop; alles wärmeliebende Pflanzen, die im Mittelmeerraum heimisch und die dort herrschenden Bedingungen gewohnt sind.
Lehmböden sind geeignet für Basilikum, Dill, Kerbel, Kümmel,

*Grundlage für jede eigene Kräuterzucht sind einwandfreie Pflanzen. Wer auf solch eine breite Auswahl trifft, hat schon wieder die Qual der Wahl.*

Liebstöckel, Lorbeer, Petersilie, Salbei, Schnittlauch und Thymian. Sandböden werden von Anis, Arnika, Borretsch, Estragon, Fenchel und Koriander bevorzugt, sind aber auch Oregano und Thymian zuträglich. Und auf feuchten Humusböden gedeihen Alant, Baldrian und Beinwell, ebenso Petersilie und Zitronenmelisse.

Manche Pflanzen können reichlich groß und ausladend werden, etwa Liebstöckel, Fenchel, Estragon und Salbei. Lassen Sie beim Pflanzen dieser Kräuter deshalb genügend Abstand. Aller Abstand nützt jedoch nichts, wenn folgende Kräuter benachbart gepflanzt werden sollen, sie vertragen sich nicht miteinander: Fenchel und Koriander oder Kümmel, Petersilie und Salat, Salbei und Sellerie, Kümmel und Kerbel. Außerdem sind Beifuß, Liebstöckel und Wermut – jedes für sich – unverträglich mit anderen Kräutern.

Ein- und mehrjährige Kräuter können während der ganzen Wachstumsperiode für den täglichen Gebrauch geerntet werden. Immergrünen Kräutern jedoch sollte man im Herbst eine Erntepause gönnen, damit sie den Winter besser überstehen.

Blätter werden am besten morgens gepflückt, nachdem der Tau verdunstet ist. Sie sind vor der Blüte am zartesten. Immergrüne Kräuter wie Bohnenkraut, Rosmarin, Salbei oder Thymian können zwar prinzipiell das ganze Jahr

*Wer keinen Garten oder Balkon zur Verfügung hat: Einige Kräuter gedeihen auch im Topf, zur laufenden Ernte bereit – allen voran Schnittlauch (links oben).*

über geerntet werden, sofern sie gleich verbraucht werden. Doch mit dem Trocknen der Zweige oder Blätter sollte man bis kurz vor der Blüte warten, weil dann das Aroma am intensivsten ist. Blüten werden am günstigsten in der Mittagszeit bei trockenem Wetter, Samen und Früchte an warmen trockenen Tagen gesammelt, kurz bevor sie so reif sind, daß sie sich selbst aussäen. Wurzeln gräbt man im Herbst aus, nachdem die grünen Pflanzenteile verwelkt sind. Bei mehrjährigen Pflanzen sind die Wurzeln nach 2 bis 3 Jahren am wertvollsten. Dabei werden immer ganze Wurzeln ausgegraben, geteilt und der Rest wieder neu eingepflanzt. Einige Kräuter sollten im Herbst zurückgeschnitten werden, damit sie im Frühjahr vermehrt austreiben können. Frostempfindliche Kräuter müssen mit Laub oder Zweigen abgedeckt werden. – Angaben zu günstigem Boden, Standort im Garten, Zeit für Aussaat und Ernte finden sich auch in dem kleinen Lexikon (S. 172 bis 189).

**Haltbarmachen**

Mit verschiedenen Methoden lassen sich Kräuter haltbar machen: durch Trocknen oder durch Einlegen, am besten dürfte aber das Einfrieren sein, um Farbe und Aroma der Kräuter zu erhalten. Im allgemeinen sind getrocknete Kräuter kein idealer Ersatz für frische, doch gibt es auch hier Ausnahmen: Dill, Lorbeer, Oregano, Thymian und Salbei zum Beispiel bewahren ihre Würzkraft recht gut, Beifuß steigert sie sogar. Zum Trocknen werden die Pflanzenteile kurz vor der Blüte bei trockenem Wetter mit einem scharfen Messer oder einer Schere abgeschnitten. Stiele und Blätter sollten dabei weder geknickt noch gequetscht werden, der Platz zum Trocknen sollte luftig, trocken und dunkel sein. Die Pflanzenteile können auf Papier ausgebreitet oder an einer Leine aufgehängt werden. Die Trockenzeit beträgt normalerweise einige Tage; das hängt von den Pflanzen und der Temperatur ab. Man kann die Kräuter aber auch im Backofen bei geringer Hitze – etwa 50 bis 60 °C – und halbgeöffneter Tür trocknen. Richtig trocken sind sie, wenn sie rascheln oder die Stiele sich nicht mehr biegen lassen. Die Blätter werden dann zwischen den Handflächen gerebelt, in dunkle Gläser mit guten Verschlüssen gefüllt und mit Datum beschriftet.

In Essig oder Olivenöl eingelegt, eignen sich ganze Blätter oder Stiele ideal für Salatdressings und Marinaden. Man legt frische Kräuter in ein Einmachglas, füllt es mit kaltgepreßtem Öl oder mit Essig auf und deckt es mit einem Gazetuch ab. Nachdem der Sud an einem wärmeren Ort stand, kann man nach 1 bis 2 Wochen das Ganze gesiebt in Flaschen abfüllen. Wird dies mit frischen Kräutern wiederholt, so verstärkt sich das Aroma bedeutend. – Gut konservieren lassen sich Kräuter auch in Aspik, Gelee, Sirup oder Alkohol.

Hier an letzter Stelle genannt, aber von großer Bedeutung, ist die Methode des Einfrierens. Dazu werden die frisch geschnittenen Kräuter kurz gewaschen, trockengetupft, kleingeschnitten, wobei kleine Blätter auch ganz gelassen werden können. Danach verteilt man sie auf Eiswürfelschalen, die mit Wasser aufgefüllt so lange im Tiefkühlschrank aufbewahrt werden, bis die Würfel gefroren sind. Dann schlägt man die Würfel heraus, gibt sie in einen gefriergeeigneten Beutel und deponiert sie gut verschlossen und beschriftet bis zum Gebrauch wieder im Tiefkühlschrank. Je nachdem, was zubereitet wird, nimmt man dann 1, 2 oder mehr Würfel aus dem Eis und verarbeitet sie mit kurzer Auftauzeit direkt in Topf oder Schüssel.

*Es ist anzunehmen, daß diese Frau mehr Kräuter als für den Eigenbedarf getrocknet hat. Auch noch unterstellt, sie gibt wenigstens einen Teil ihrer Kenntnisse weiter, so dürfen wir sie mit Fug und Recht „Kräuterfrau“ titulieren.*

# Kräuter und Gewürze in der Medizin

*Die heilige Hildegard von Bingen, im Jahre 1098 geboren, gab in einigen ihrer naturwissenschaftlichen Abhandlungen das Wissen um die Heilkräfte vieler Kräuter wieder.*

Seit Tausenden von Jahren sind Kräuter und Gewürze nicht nur Nahrungs-, sondern auch Heilmittel. In den meisten Kulturen war es Aufgabe der Frauen, Kräuter zu sammeln und gezielt zu verwenden, wobei die gewonnenen Erkenntnisse dann in der Regel von der Mutter an die Tochter weitergegeben wurden. Erst mit der Erfindung der Schriftzeichen konnten Heilkräuter systematisch aufgelistet werden. Die ersten Aufzeichnungen reichen bis weit ins 3. Jahrtausend v. Chr. zurück. Überliefert ist uns das Kräuterbuch des chinesischen Kaisers Chen-nung. Etwa für die gleiche Zeit bezeugen Tontafeln aus Babylon einen regen Kräuterhandel mit Indien und China. Über 1 000 verschiedene Heilkräuter und Gewürze umfaßt das babylonische Tontafelarchiv.
Indische Heilkundige wandten gezielt Kräutertherapien gegen Krankheiten an. Wie die Babylonier, so kannten sich auch die alten Ägypter in der Kunst aus, mit Kräutern und Gewürzen eine Vielzahl von Krankheiten und Gebrechen zu heilen. Aus dem nach seinem Entdecker genannten „Papyrus Ebers“, der um 1500 v. Chr. entstanden ist, geht das klar hervor. Die Kenntnisse der Ägypter und Babylonier wurden dem Abendland durch die Griechen weitervermittelt. An erster Stelle sind hier für das 6. vorchristliche Jahrhundert Pythagoras und das 5. Jahrhundert v. Chr. Hippokrates mit ihrem Wirken und ihren Veröffentlichungen zu nennen. Letzterer verfaßte ein Grundwerk der Medizin, in das er Kräuterpräparate zur Unterstützung des Heilprozesses mit einbezog.
Die Römer verwendeten viele der Kräuter und Gewürze aus dem Fernen Osten, dokumentiert in dem von Plinius verfaßten Buch der Naturgeschichte aus dem 1. Jahrhundert n. Chr.
In Europa waren es später vor allem die Klöster, die das Wissen um Heilkräuter pflegten. In diesem Zusammenhang sind das Wirken und die Schriften, beispielsweise die „Physica“, der hl. Hildegard von Bingen (1098–1179) zu erwähnen.
Viele Erkenntnisse von damals wurden mittlerweile durch die Wissenschaft bestätigt: beispielsweise, daß verschiedene Gewürze den Appetit anregen und die Verdauung unterstützen, so Anis, Fenchelsamen, Kümmel, Chillies und Dill. Frische Gewürzkräuter enthalten außer wertvollen Vita-

minen noch Spurenelemente und Mineralstoffe, verringern den Salzbedarf des Körpers, und manche haben zudem einen antibiotischen oder antiseptischen Effekt: so alle Lauchgewächse, Knoblauch und Zwiebel.
Gewürznelken wirken schmerzlindernd. Chillies beinhalten Capsaicin, das den Kreislauf anregt und Bakterien bekämpft. Anis hat antibakterielle Eigenschaften. Ingwer regt die Blutzirkulation an und hilft bei der Verdauung fetter Speisen. Er soll auch Seekrankheit verhindern.

Bei normaler Anwendung sind Kräuter und Gewürze verträglich und nützlich, doch zuviel kann auch hier schaden. Magen- oder Nierenkranke haben noch einmal eigene Reglements zu beachten. Auch Schwangere sollten Pfeffer, Muskatnuß, Wermut, Wacholder und Zimt nicht in größeren Mengen zu sich nehmen. – Aber über die medizinischen Eigenschaften der Kräuter und Gewürze ließe sich noch einmal ein eigenes Buch füllen.

*In manchem Kloster wird die uralte Gartenbautradition bis heute gepflegt, auch wenn es hier mehr um Blumen als um Kräuter geht. Genau um diese drehen sich zahlreiche der folgenden Rezepte, unter denen Sie, liebe Leserinnen und Leser, vieles Ansprechende finden mögen.*

Ein schöner Sommertag, nichts wie raus. Auf dem Markt gibt es den ersten jungen Salat vom Feld, auch knackige Radieschen, Fenchel, Karotten, Gurken und Spargel. Höchste Zeit, im Balkonkasten oder Kräuterbeet nachzusehen, welches Kraut wir jetzt ernten können. Was ein Glück: „Petersilie, Suppenkraut, wächst in unserem Garten ...“ – das bekannte Kinderlied deutet an, wie mit wenig Aufwand selbst in unseren Breiten der Speisezettel mit frischem, würzigem Grün angereichert werden kann. Wem der Sinn nach (nicht nur!) kleinen Appetitmachern, bunten Salaten und sättigenden Suppen steht, nach prächtigen Farben und herrlichen Düften, der blättere einfach weiter – hier ist bestimmt genug zu finden.

# Kleine Gerichte, Salate, Suppen

# Rillettes
# Sommerlicher Salat

RILLETTES
1,8 kg dicke Rippe vom Schwein, nach dem Auslösen etwa 1 kg Fleisch
2 Schalotten
2 Knoblauchzehen
400 g frischer fetter Bauchspeck vom Schwein
80 g Schweineschmalz
4 frische Lorbeerblätter
3 Zweige Thymian
3 Zweige Beifuß
Salz, schwarzer Pfeffer
etwa ½ TL Cayennepfeffer
abgeriebene Muskatnuß
2 Msp. gemahlene Nelken
200 g Champignons

***Zubereitungszeit:***
*20 Minuten ohne Auslösen*
***Garzeit:*** *3¾ Stunden*

SOMMERLICHER SALAT
2 EL Estragonessig
Salz, weißer Pfeffer
1 TL Estragonsenf
6 EL Olivenöl
3–4 EL Naturjoghurt
3 Karotten
4 Stangen Staudensellerie
1–2 möglichst zarte Fenchelknollen
4 kleine Tomaten
2–3 Zweige frischer Estragon
etwa 20 schwarze Oliven
etwa 30 g Parmesan

***Zubereitungszeit:***
*12 Minuten*

RILLETTES (oben)
Die Schweinerippe auslösen oder dies vom Metzger erledigen lassen. Das Fleisch in Würfel von 3 bis 4 cm schneiden. Die Schalotten und Knoblauchzehen abziehen. Die Schalotten fein würfeln und den Knoblauch zerdrücken. Den Bauchspeck würfeln und in einem Topf ausbraten.
Das Fett abgießen. Das Schweineschmalz erhitzen und die Fleischstücke unter häufigem Rühren anbraten. Die Schalotten und den Knoblauch zufügen, einige Minuten weiter braten. Mit ¼ Liter Wasser ablöschen. 2 Lorbeerblätter, Thymian und Beifuß zufügen. Mit Salz, Pfeffer, Cayennepfeffer, Muskatnuß und Nelken würzen. 3½ Stunden bei mäßiger Temperatur köcheln lassen. Gut ½ Stunde vor Garende die Champignons putzen, hacken und dazugeben. Das Fleisch zerpflücken, Thymian- und Beifußzweige entfernen, gut abschmecken und in 2 Schalen oder Schüsselchen geben. Das ausgelassene Fett nochmals erhitzen und darüber gießen. Mit den restlichen Lorbeerblättern belegen und erkalten lassen. Rillettes halten sich im Kühlschrank gut 8 Tage und schmecken zu Salat, knusprigem Landbrot und Landwein.

SOMMERLICHER SALAT (unten)
Estragonessig mit Salz, Pfeffer und Senf verrühren. Das Olivenöl und den Joghurt unter Rühren zufügen.
Die Salatzutaten waschen und trockentupfen. Die Karotten putzen und raspeln. Staudensellerie und Fenchelknolle putzen und in dünne Scheiben schneiden. Den Blütenansatz der Tomaten entfernen und die Früchte in Scheiben schneiden. Den Estragon waschen, trockentupfen und die Blättchen von den Stielen zupfen. Auf 4 Salattellern verteilen. Mit Oliven bestreuen. Die Salatsauce erst kurz vor dem Servieren darüber gießen. Den Parmesan darüber hobeln, den Salat mit Estragonblättchen garnieren und mit Stangenweißbrot servieren.

*Beifuß ist ein robustes Kraut, er verträgt sich gut mit Zwiebeln, Knoblauch und Pfeffer. Gegart kommt sein Aroma erst richtig zur Geltung. Getrockneter Beifuß kann wegen der feinen Härchen zusammenhaften, was nichts mit Insektenbefall zu tun hat. Wer getrockneten statt frischen Beifuß nimmt: Blütenrispen vor dem Würzen erst zerkleinern, am besten zwischen den Fingern zerreiben.*

# Frischer Frühlingssalat mit verlorenen Eiern

Für die Sauce:
1 Schalotte
2 Zweige Kerbel
2 EL Apfelessig
1 TL Ahornsirup
Salz
frisch gemahlener weißer Pfeffer
6 EL Distelöl

1 Bund Brunnenkresse
1 Bund Radieschen
2 Karotten
1 zarter Kohlrabi

Für die verlorenen Eier:
1¼–1½ Liter Wasser
2 EL Weißweinessig
4 Eier

Für die Kräutercroûtons:
2–3 Scheiben Weißbrot vom Vortag
je 1 EL Öl und Butter
frische Kräuter nach Belieben

***Zubereitungszeit:*** *20–25 Minuten*
***Garzeit:*** *4 Minuten*

Die Schalotte abziehen und fein würfeln. Den Kerbel waschen, trockentupfen, die Blättchen von den Stielen zupfen und hacken. Apfelessig, Ahornsirup, Salz und Pfeffer verrühren. Das Öl unter Rühren zufügen. Die Schalotte hineingeben.
Die Brunnenkresse und die Radieschen waschen. Grobe Stiele von der Brunnenkresse entfernen. Die Radieschen in Scheiben oder Stifte schneiden. Die Karotten putzen, den Kohlrabi schälen und alles getrennt in Stifte schneiden. Die Brunnenkresse als Kranz so anrichten, daß in die Mitte das verlorene Ei gelegt werden kann. Die anderen Gemüse gefällig anordnen. Mit der Salatsauce übergießen.
Für die Eier Wasser und Essig aufkochen. Die Eier einzeln in Schälchen aufschlagen und zügig in das siedende Wasser gleiten lassen. 4 Minuten ziehen, auf keinen Fall kochen lassen. Mit einer Schaumkelle herausnehmen und die Ränder glattschneiden. Die Eier plazieren und mit der grünen Mayonnaise von Seite 108 garnieren unter Zuhilfenahme eines Spritzbeutels.
Für die Kräutercroûtons das nicht mehr ganz frische Weißbrot in Würfel schneiden, in Öl und Butter braten und in frisch gehackten Kräutern wälzen. Die Kräutercroûtons zum Salat servieren.

*Brunnenkresse stammt aus dem westlichen Asien und war schon bei den Griechen und Römern sehr beliebt. Der lateinische Name setzt sich aus den Worten nasus – Nase – und tortus – Windung – zusammen. Da mag der scharfe Geruch wohl mitgewirkt haben. Das Wort Kresse könnte aus dem lateinischen Namen crescere – wachsen entstanden sein und somit auf ihr schnelles Wachstum hinweisen. Brunnenkresse wächst weitverbreitet an Quellen, Bachläufen und Teichen. Sie akzeptiert nur sehr sauberes Wasser. Wo wir sie finden, dürfte also die Umwelt intakt sein.*

# Kräuter-Tarte
# Zucchini-Quiche

KRÄUTER-TARTE
Für 10 Stück
400 g Kartoffeln
400 g Zucchini
2 Frühlingszwiebeln
1 Bund glattblättrige Petersilie
3 Zweige Salbei
3 Zweige Majoran
1–2 Knoblauchzehen
400 g Ricotta
4 Eier
je 4 EL Mehl und Olivenöl
Salz, weißer Pfeffer
abgeriebene Muskatnuß
15 g Butter und
1–2 TL Mehl für die Form

***Zubereitungszeit:***
*20 Minuten*
***Backzeit:** 60 Minuten*

ZUCCHINI-QUICHE
Für 6 Stück
450 g Zucchini
450 g Ricotta
2 Eier
25 g Kartoffelmehl
25 g Mehl
½–1 TL getrockneter Oregano
Salz, weißer Pfeffer
2 Msp. Macis
10 g Butter und
1–2 TL Mehl für die Form

***Zubereitungszeit:***
*12 Minuten*
***Backzeit:** 45–50 Minuten*

KRÄUTER-TARTE (oben)
Die Kartoffeln waschen, schälen, vierteln, in wenig Salzwasser 20 Minuten kochen und durchpressen. Zucchini, Frühlingszwiebeln und Kräuter waschen und trockentupfen. Die Zucchini ungeschält raspeln und die Frühlingszwiebeln in dünne Ringe schneiden. Die Blättchen der Kräuter von den Stielen zupfen und hacken. Die Knoblauchzehen abziehen und zerdrücken oder sehr fein schneiden. Alle Zutaten in eine Schüssel geben und vermischen. Ricotta, Eier, Mehl und Olivenöl zufügen. Mit Salz, Pfeffer und Muskatnuß abschmecken. Den Backofen auf 200 °C vorheizen. Eine Tarteform von 28 cm Durchmesser einfetten, mit Mehl bestreuen und die Masse einfüllen. Die Tarte etwa 40 Minuten backen. Wer mag, serviert Cidre oder Apfelwein oder einen trockenen Weißwein sowohl zur Kräuter-Tarte als auch zur Zucchini-Quiche.

ZUCCHINI-QUICHE (unten)
Die Zucchini waschen, trockentupfen und ungeschält raspeln. Ricotta und die Eier verrühren. Kartoffelmehl, Mehl und Zucchini zufügen. Mit Oregano, Salz, Pfeffer und Macis würzen. Den Backofen auf 200 °C vorheizen. Eine Keramik- oder Porzellanform von 22 bis 24 cm Durchmesser mit Butter ausstreichen und Mehl ausstreuen, die Masse hineinfüllen. Die Quiche in 45 bis 50 Minuten backen.

*Freude der Berge – Oros ganos – nannten die Griechen den Wilden Dost oder Wilden Majoran, botanisch Origanum vulgare, ein hübsches Lippenblütengewächs mit kreuzgegenständigen Blättern. Das würzige Kraut kann ganze Berghänge in den Mittelmeerländern überziehen und die Luft mit herb-süßem Duft erfüllen. Nahe verwandt mit seiner Wildform Oregano ist der einjährige Majoran, der heute auch in nördlichen Regionen gezogen wird. Beide Pflanzen spielen vor allem in der Mittelmeerküche eine große Rolle. Majoran würzt deftige, eher fette Speisen wie Schweinebauch, Innereien und Wurst, Oregano gehört an jede italienische Pizza, in viele Saucen, Gemüse und Salate.*

# Zweimal pikante Waffeln

SCHINKEN-SALBEI-WAFFELN
Für 4 Stück
30 g Butter und Butter für das Waffeleisen
1 Schalotte
1–2 Scheiben roher Schinken oder Schinkenreste
2 Zweige frischer Salbei
120 g Mehl
1 Ei
Salz
frisch gemahlener weißer Pfeffer

Für die Garnitur:
Salbeiblättchen und Tomaten
oder Tomaten-Chutney

***Zubereitungszeit:***
*10 Minuten ohne Ruhezeit*
***Backzeit:*** *5 Minuten*

KÄSE-NUSS-WAFFELN
Für 12 Stück
50 g Butter und Butter für das Waffeleisen
3 Eier
50 g gemahlene Haselnüsse
50 g Mehl
50 g geriebener Käse, Emmentaler oder Gouda
50 g Naturjoghurt
50 ml Milch
Salz, weißer Pfeffer
3 Msp. Macis

***Zubereitungszeit:***
*12 Minuten*
***Backzeit:*** *5 Minuten*

SCHINKEN-SALBEI-WAFFELN (unten)
Die Butter schmelzen und abkühlen lassen. Die Schalotte abziehen und wie den Schinken fein würfeln. Den Salbei waschen, trockentupfen, die Blättchen von den Stielen zupfen, einige für die Garnitur zurückbehalten, die anderen hacken. Alle Zutaten sowie 200 ml Wasser vermischen. Mit Salz und Pfeffer abschmecken und 20 Minuten ruhen lassen. Das Waffeleisen mit Butter ausstreichen. Den Teig hineingeben. 4 bis 5 Minuten backen, mit Salbei und Tomaten oder Tomaten-Chutney garnieren und sofort servieren.

*Der immergrüne, stark duftende Halbstrauch Salbei diente schon in der Antike als wichtige Heil- und gängige Gewürzpflanze. Sein Name leitet sich ab von dem lateinischen Wort salvare für heilen, was er auch zu tun verspricht: Die Stoffe aus seinen Blättern wirken beruhigend, adstringierend und desinfizierend. So ist Salbeitee eine gute Medizin bei Husten und Heiserkeit. Hier ist jedoch das typische, leicht bittere, kräftig-würzige Aroma gefragt: Es gibt unseren Waffeln eine eigene Note.*

KÄSE-NUSS-WAFFELN (oben)
Die Butter schmelzen und etwas abkühlen lassen. Die Eier trennen. Eigelb, Haselnüsse, Mehl, Käse, Joghurt, flüssige Butter und Milch miteinander verrühren. Das Eiweiß mit Salz steif schlagen und unter den Teig ziehen. Mit Pfeffer und Macis abschmecken. Das Waffeleisen mit Butter ausstreichen und die Waffeln backen. Warm oder kalt sind sie gleichermaßen gut.

*Macis, Mazis oder Muskatblüte – drei Begriffe für einen Gegenstand: den Samenmantel, der in der pfirsichartigen Frucht des tropischen Muskatnußbaums steckt. Macis kommt getrocknet und flachgedrückt oder in Pulverform in den Handel. Das vielseitige Gewürz eignet sich für Gebäck, auch für pikanten Quark (Rezept S. 60), für Fleisch und verschiedene Wurstsorten. Die Muskatnuß selbst ist der getrocknete Samenkern und würzt – frisch abgerieben – darüber hinaus vorteilhaft Gemüse-, insbesondere Kartoffelgerichte, auch Tomatensuppe und helle Saucen.*

# Zwei Arten Orangensalat

SEVILLA-PALACE-SALAT
2 kleine rote Paprikaschoten
3 Orangen
2 Kopfsalate
4 EL Mayonnaise
4–8 Tropfen Chilisauce
etwa 10 mit Paprika gefüllte grüne Oliven
Saft von ½ Zitrone
Salz

***Zubereitungszeit:***
*20 Minuten*

ORANGEN-ARTISCHOCKEN-SALAT
nach Bedarf 1 Zitrone
6 mittelgroße Artischocken
oder gekochte Artischockenherzen aus der Dose
3 kleine Orangen
1 kleine milde weiße Zwiebel
2 Stauden Koriander
2 EL Zitronensaft
Salz, Pfeffer
1½ TL Zucker
1 EL Orangenblütenwasser
3 EL Olivenöl
15–20 schwarze Oliven

***Zubereitungszeit:***
*15–25 Minuten*
***Garzeit:***
*etwa 30 Minuten*

SEVILLA-PALACE-SALAT (unten)
Die Paprikaschoten waschen, aufschneiden, von den Zwischenwänden befreien, entkernen und in Streifen schneiden. 2 Orangen schälen und die Filets so auslösen, daß die weiße Haut und die Zwischenwände mit entfernt werden. Die restliche Orange auspressen. Von dem Kopfsalat nur die inneren Blätter verwenden. Aus dem Rest einen anderen Salat oder eine Kopfsalatsuppe herstellen. Den Salat vorsichtig waschen und trockentupfen.
Die Mayonnaise mit Orangensaft und mit der Chilisauce verrühren, gut abschmecken. Die Oliven hacken. Eine tiefe Glasschale mit dem Kopfsalat auslegen. Paprikaschoten und Orangenspalten dekorativ darauf anrichten. Mit Zitronensaft beträufeln, etwas salzen und mit der angerührten Mayonnaise leicht überziehen. Mit den Olivenstückchen bestreut servieren.

ORANGEN-ARTISCHOCKEN-SALAT (oben)
Wer die Artischockenherzen selbst vorbereiten mag, geht so vor: Die Zitrone halbieren, die eine Hälfte auspressen, den Zitronensaft mit etwa 2 Liter Wasser zum Kochen bringen. Die Artischocken waschen, äußere Blätter entfernen, Blattspitzen abschneiden und Stiele abbrechen. Die Artischocken mit der anderen Zitronenhälfte einreiben und im Zitronenwasser in etwa 30 Minuten weich kochen. Artischocken herausnehmen, abtropfen lassen, alle Blätter entfernen, die feinen Blattansätze auf den Artischockenböden oder -herzen abschaben oder abschneiden.
Die Orangen schälen, die weiße Haut mit entfernen und diagonal in dünne Scheiben schneiden. Den Saft auffangen. Die Artischockenherzen vierteln. Die Zwiebel abziehen und in sehr dünne Halbringe schneiden. Orangenscheiben und Artischockenherzen dekorativ in einer Schale anrichten. Den Koriander waschen, trockentupfen, die Blättchen von den Stielen zupfen, einige für die Garnitur zurückbehalten, die anderen hacken. Orangensaft, Zitronensaft, Salz, Pfeffer, Zucker, Orangenblütenwasser, Olivenöl und Koriander vermischen und über die Salatzutaten gießen. Den Salat mit den Oliven bestreuen und mit Korianderblättchen garnieren. Gut gekühlt servieren.

# Möhrensalat Marokko
# Zwiebelkuchen

MÖHRENSALAT
MAROKKO
600 g Möhren
2 Knoblauchzehen
2 Stauden Koriander
Saft von ½ Zitrone
2 EL Olivenöl, Salz
1 Msp. Cayennepfeffer
2 Msp. Kreuzkümmel
1 TL Zucker
2–3 Msp. Zimt

***Zubereitungszeit:***
*12–15 Minuten*
***Garzeit:*** *15 Minuten*

ZWIEBELKUCHEN
250 g Mehl, 125 g Butter
25 g Hefe, 1 TL Zucker
3 EL Crème fraîche
Salz, 1 Ei
1,2 kg Zwiebeln
1 Knoblauchzehe
200 g geräucherter durchwachsener Bauchspeck
4 EL Öl
⅛ Liter trockener Weißwein
Salz, schwarzer Pfeffer
½ TL Curry
1–2 TL Kümmel, 3 Eier
200 g Crème fraîche
60 g geriebener Emmentaler
Butter für die Form

***Zubereitungszeit:***
*25–30 Minuten ohne Ruhezeit*
***Garzeit:*** *12 Minuten*
***Backzeit:*** *30 Minuten*

MÖHRENSALAT (oben)
Die Möhren waschen, putzen und in Scheiben schneiden. Wenn sie sehr klein sind, können sie auch durchaus ganz gelassen werden. Die Knoblauchzehen abziehen. Die Möhren mit Knoblauch und ¼ Liter Wasser in einen Topf geben und bißfest kochen. Das dauert etwa 15 Minuten. Das Wasser sollte fast verkocht sein. Den Koriander waschen, trockentupfen und die Blättchen abzupfen. Die Möhren vom Herd nehmen, in eine Schüssel geben, etwas abkühlen lassen und mit Zitronensaft und Öl beträufeln. Mit wenig Salz, Cayennepfeffer, Kreuzkümmel, Zucker und Zimt würzen. Mit Korianderblättchen bestreuen und gut gekühlt servieren.

ZWIEBELKUCHEN (unten)
Das Mehl auf die Arbeitsfläche sieben. Die Butter in Stücken außen herum legen. Eine Mulde in die Mitte drücken. Die Hefe klein hineinbröseln und mit etwa 8 EL warmem Wasser und 1 TL Zucker verrühren. Etwas aufgehen lassen. Crème fraîche, Salz und Ei zugeben und zu einem homogenen Teig verarbeiten. Abgedeckt 1 Stunde ruhen lassen.

Für den Belag die Zwiebeln und die Knoblauchzehe abziehen. Die Zwiebeln durchschneiden und in dünne Halbringe schneiden. Den Knoblauch sehr fein, den Bauchspeck in kleine Würfel schneiden. Das Öl in einer Pfanne erhitzen und die Zwiebeln darin glasig dünsten. Den Bauchspeck und den Knoblauch zufügen und kurz braten. Mit dem Wein ablöschen und durchschmoren lassen, bis die Flüssigkeit verdampft ist. Mit Salz, Pfeffer, Curry und Kümmel würzen. Die Eier mit Crème fraîche und Käse verschlagen, salzen und pfeffern. Eine Form von 28 cm Durchmesser einfetten. Den Backofen auf 200 bis 210 °C vorheizen. Den Teig ausrollen, in die Form geben und einen Rand hochziehen. Die Zwiebeln darauf verteilen und mit der Eiermischung begießen. Den Kuchen etwa 30 Minuten backen.

*Diese Kombination könnte „Maghreb meets Germany“ heißen. Praktisch an den beiden Rezepten ist: Während der Backzeit für den Kuchen läßt sich der Möhrensalat zubereiten. Zu beidem mundet gut ein Federweißer, vielleicht aus Südtirol, womit das Motto zu erweitern wäre: „... meets Italy and Germany“.*

# Spargel mit Estragon-sauce und Schinken

500 g weißer Spargel
500 g grüner Spargel
20 g Butter
Salz
10 g Zucker

Für die Estragonsauce:
2–3 Eier
½–1 Bund Estragon
3 EL Sonnenblumenöl
1 TL Estragonsenf
Saft von ½ Limette
Salz
frisch gemahlener weißer Pfeffer

4–8 Scheiben Parmaschinken
4–8 Scheiben gekochter Schinken, hauchdünn geschnitten
einige kleine Rucolablättchen für die Garnitur

***Zubereitungszeit:*** *30 Minuten*
***Garzeit:*** *18 Minuten*

Den weißen Spargel schälen, eventuell das verholzte Ende abschneiden. Vom grünen Spargel die unteren 4 bis 5 cm wegschneiden. Meist ist es nicht nötig, diesen zu schälen. Spargelenden und Schalen auskochen und als Basis für eine Spargelsuppe verwenden. Den Spargel getrennt in kochendes Wasser geben, dem Butter, Salz und Zucker zugefügt wurde. Den weißen Spargel etwa 18 Minuten kochen, je nach Stärke der Spargelstangen, den grünen Spargel nur etwa 12 bis 15 Minuten kochen. Im Sud erkalten lassen.
Für die Sauce die Eier hart kochen, abschrecken, pellen und hacken. Den Estragon waschen, trockentupfen, die Blättchen von den Stielen zupfen, einige für die Garnitur zurückbehalten, die anderen hacken.
⅓ des grünen Spargels mit dem Öl und etwas Spargelbrühe pürieren. Mit Estragon, Estragonsenf, Limettensaft, Salz und Pfeffer pikant abschmecken.
Auf einem Teller in der Mitte den weißen Spargel anrichten. Darauf wie eine Blüte den grünen Spargel legen. Mit dem gehackten Ei bestreuen. Links den Parmaschinken, rechts den gekochten Schinken anordnen. Mit der Estragonsauce vollenden und mit Rucolablättchen und Estragonblättchen garnieren. Gut schmeckt dazu ein Grauburgunder.

*Estragon ist ein typisches Einzelkraut, mit einem dominanten, dennoch feinen Geschmack. In der Küchenpraxis verträgt er sich mit Zwiebeln oder Schalotten, sehr vorsichtig dosiert auch mit Dill und Petersilie. Im Frühjahr geerntete Blätter haben weniger, im Sommer geerntete viel mehr Aroma, was beim Abschmecken berücksichtigt werden sollte. – Übrigens geht die zweite Hälfte im lateinischen Namen des Estragon – Artemisia dracunculus gleich „kleiner Drache“ oder „Schlange“ – vielleicht auf einen Brauch in früherer Zeit zurück. Man glaubte, daß dieses Kraut einen Wanderer vor Schlangenbissen schützen könne.*

# Eier auf mexikanische Art

2 Chilischoten (Chile poblano), eine mildere Sorte
2 Zwiebeln
1 Knoblauchzehe
6 sonnengereifte Tomaten
4 EL Olivenöl
1–2 EL Tomatenmark
Salz
frisch gemahlener schwarzer Pfeffer
1 TL Paprikapulver, edelsüß
4 Eier
40–50 g frisch geriebener Manchego, ersatzweise Cheddar
1–2 Zweige Koriander

***Vorbereitungszeit:*** *20–25 Minuten*
***Garzeit:*** *12 Minuten*

***Tip:***
*Wer in Zeitnot ist, kann die Chilischoten auch ohne die Haut abzuziehen in den Mixer geben.*

Eine Pfanne auf mittlere Temperatur erhitzen und die Chilischoten darin rösten. Öfters rühren, bis sie Bläschen bekommen. In eine kleine Plastiktüte geben und zubinden. Nach 10 Minuten kann man die Haut abziehen, am besten unter fließendem Wasser. Die Schoten aufschneiden, entkernen und Zwischenwände entfernen. Die Zwiebeln und den Knoblauch abziehen und grob zerteilen. Die Tomaten vom Blütenansatz befreien. Chilischoten, Zwiebeln, Knoblauch und Tomaten in den Mixer geben und pürieren. Das Olivenöl in einer weiten Pfanne erhitzen und die Mischung zusammen mit 100 ml Wasser hineingeben. Mit Tomatenmark, Salz, Pfeffer und Paprikapulver würzen. 5 bis 8 Minuten unter Rühren köcheln lassen. Die Eier aufschlagen und vorsichtig in die Pfanne gleiten lassen. Mit Käse bestreuen und mit Hilfe eines Löffels das Eiweiß etwas über das Eigelb ziehen. Einen Deckel auflegen und die Eier 4 Minuten gar ziehen lassen. Mit den Korianderblättchen garniert servieren. Dazu werden in Mexiko heiße Maistortillas gereicht.

*Auch wenn in diesem Gericht nicht die schärfsten Sorten verwendet werden, dürfen wir die allgemeinen Tips zum Verarbeiten der Chillies hier erwähnen: Man sollte zur Vorsicht Gummihandschuhe tragen, denn das in Chillies enthaltene nicht wasserlösliche Capsaicin kann Haut, Augen- und Nasenschleimhäute schmerzhaft reizen. Alle Geräte werden nach Benutzung gründlich gereinigt. Vor dem Garen werden die scharfen Samen und Scheidewände entfernt. Je länger die Schoten gegart werden, um so schärfer werden sie. Wer ganze Schoten füllen will, schneidet vorher den Stielansatz ab und holt mit einem Löffel Kerne und Scheidewände heraus. Von frischen Chillies läßt sich die Haut wie oben beschrieben abziehen. Und hat man dann doch einmal etwas zuviel abbekommen: Bei brennender Schärfe im Mund ist es besser, ein Stück trockenes Brot zu essen oder Milch zu trinken, aber kein Wasser, Bier oder Wein.*

# Provenzalischer Salat
# Kräuteromelette

PROVENZALISCHER SALAT
Für die Sauce:
4 Eier
1 Knoblauchzehe
5–6 Anchovisfilets
etwa 4 EL Essig
⅛ Liter Olivenöl
Salz, Pfeffer

½ Kopf Endiviensalat
4 gekochte Artischockenböden
4 Tomaten
je 2 Zweige frische Kräuter wie Petersilie, Estragon, Kerbel, Basilikum
20 schwarze Oliven

***Zubereitungszeit:***
*20–25 Minuten*
***Garzeit:** 10 Minuten*

KRÄUTEROMELETTE
Für 2 Stück
2 Zweige glattblättrige Petersilie
2 Zweige Kerbel
2 Zweige Estragon
2 Zweige Pimpinelle
5 Eier
1–2 EL Crème fraîche
Salz, weißer Pfeffer
2 EL Butter

***Zubereitungszeit:***
*10 Minuten*
***Garzeit:** pro Omelett etwa 5 Minuten, insgesamt 10 Minuten*

PROVENZALISCHER SALAT (oben)
Die Eier in 10 Minuten hart kochen. Abschrecken, erkalten lassen und das Eigelb von 2 Eiern herausnehmen. Die restlichen Eier zum Garnieren verwenden. Die Knoblauchzehe abziehen und zerdrücken oder sehr fein schneiden. Die Anchovisfilets hacken. Eigelb, Knoblauch, Anchovisfilets, Essig und Öl zu einer homogenen Masse verrühren. Mit Salz und Pfeffer abschmecken, Salz sehr vorsichtig dosieren, da die Anchovisfilets schon sehr salzig sind.
Den Salat waschen, trockentupfen und zurechtzupfen. Die Artischockenböden und die Tomaten in Scheiben schneiden. Die Kräuter waschen, trockentupfen und die Blättchen von den Stielen zupfen und hacken. Die Salatzutaten anrichten. Mit den restlichen in Spalten geschnittenen Eiern, schwarzen Oliven und Kräutern garnieren. Die Sauce darüber gießen oder extra dazu reichen.
Stangenweißbrot und ein Roséwein aus der Provence sind die idealen Begleiter.

KRÄUTEROMELETTE (unten)
Die Kräuter waschen, trockentupfen, die Blättchen von den Stielen zupfen, einige für die Garnitur zurückbehalten, die anderen in feine Streifen schneiden. Die Eier trennen. Eigelb und Crème fraîche mit dem Schneebesen verrühren, salzen und pfeffern. Das Eiweiß mit Salz steif schlagen und unterziehen, ebenso die Kräuter. Jeweils 1 Eßlöffel Butter in einer Pfanne erhitzen und die Eiermasse portionsweise hineingeben. Stocken lassen, vom Rand vorsichtig lösen, wenden, noch 1 Minute in der Pfanne belassen und auf vorgewärmte Teller geben. Mit den restlichen Kräutern garniert sofort servieren. Als Getränk dazu ist alles denkbar: Mineralwasser, Saft, Apfelschorle, Apfelwein oder Cidre.

# Kleine Häppchen zum Aperitif

Für 6–8 Personen
3 Zweige glattblättrige Petersilie
1–1½ Knoblauchzehen
150 g Crème fraîche
Salz, schwarzer Pfeffer
24 Miniblätterteigpasteten
24 Achatschnecken (Dose)
einige Salatblätter (Radicchio, Lollo Rosso o. ä.)
½ Päckchen Kresse

***Zubereitungszeit:***
*25–30 Minuten*

**Variante**
Für 6–8 Personen
½ Bund Dill
125 g Crème fraîche
Salz, weißer Pfeffer
100 g „Nordseekrabben" (Garnelen)
einige Salatblätter
24 Miniblätterteigpasteten

***Zubereitungszeit:***
*25 Minuten*

***Tip:***
*Je nach Herstelleranweisung die Blätterteigpasteten vorher für etwa 8 bis 10 Minuten in den vorgeheizten Backofen geben.*

KLEINE HÄPPCHEN
Die Petersilie waschen, trockentupfen, die Blättchen von den Stielen zupfen und hacken. Den Knoblauch abziehen und zerdrücken oder sehr fein schneiden. Crème fraîche mit Petersilie und Knoblauch vermischen, salzen und pfeffern. In die Blätterteigpasteten jeweils 1 kleines Stückchen vom Salatblatt geben. ½ Teelöffel Crème fraîche daraufgeben und 1 Schnecke hineindrücken. Mit Kresse garnieren und auf einem Tablett dekorativ anrichten.

**Variante**
Den Dill waschen, trockentupfen, etwas für die Garnitur zurückbehalten, den Rest hacken. Crème fraîche mit Dill mischen, salzen und pfeffern. Die Krabben unterheben. Jeweils ein Stückchen vom Salat in die Pastetchen geben und darauf 1 Teelöffel Füllmasse. Mit Dill garnieren und auf einer mit Tortenspitze ausgelegten Platte anrichten.

*Wie bei vielen Stehempfängen üblich, wird den Gästen gerne Sekt gereicht. Der paßt auch zu beiden hier vorgestellten Häppchen sehr gut. Und was die Variante mit Dill betrifft: Ein weiteres kräftiges Würzkraut erübrigt sich, Dill ist so beherrschend, daß man sein Aroma am besten solo zur Geltung kommen läßt.*

# Pikanter Quark
# Aromatische Butter

PIKANTER QUARK
12 Stengel Schnitt-knoblauch
250 g Magerquark
2 EL Crème fraîche
2 Msp. Macis (Muskatblüte)
Salz, weißer Pfeffer

***Zubereitungszeit:***
*8–10 Minuten*

KORIANDER-BUTTER
100 g Butter
1 Knoblauchzehe
2–3 Stauden asiatischer Koriander
Salz

***Zubereitungszeit:***
*8–10 Minuten*

MEERRETTICH-BUTTER
50 g Butter
80 g Frischkäse
2–3 EL Crème fraîche
1½–2 TL Meerrettich (Glas)
Salz, weißer Pfeffer

***Zubereitungszeit:***
*2–3 Minuten*

PIKANTER QUARK (links)
Den Schnittknoblauch waschen, trockentupfen und in dünne Röllchen schneiden. Quark, Crème fraîche und Macis verrühren. Den Schnittknoblauch unterziehen. Mit Salz und Pfeffer würzen.

**Variante 1**
mit verschiedenen Kräutern wie Basilikum, Schnittlauch, Petersilie oder Borretsch, Estragon und Petersilie, 1 Schalotte, 250 g Quark (20 % Fett), Salz, frisch gemahlenem weißem Pfeffer:
Die Kräuter waschen, trockentupfen, die Blättchen von den Stielen zupfen und hacken. Die Schalotte abziehen und ganz fein würfeln. Alles mit dem Quark vermischen, salzen und pfeffern; Zubereitungszeit: 10–12 Minuten.

**Variante 2**
mit 1 Frühlingszwiebel, 1 Knoblauchzehe, 250 g Quark (40 % Fett), 2 Msp. Safran, Salz, frisch gemahlenem weißem Pfeffer:
Die Frühlingszwiebel waschen, trockentupfen und in dünne Ringe schneiden. Die Knoblauchzehe abziehen und zerdrücken. Mit dem Quark und Safran vermischen, salzen und pfeffern; Zubereitungszeit: 8–10 Minuten.

KORIANDER-BUTTER (vorne)
Die Butter auf Zimmertemperatur bringen. Die Knoblauchzehe abziehen und zerdrücken oder sehr fein schneiden. Den Koriander waschen, trockentupfen, die Blättchen von den Stielen zupfen und hacken. Die weiche Butter salzen und mit Knoblauch und Koriander verkneten. Entweder zu einer Rolle formen und in den Kühlschrank legen oder in passende Schälchen füllen.

MEERRETTICH-BUTTER (rechts)
Die weiche Butter (Zimmertemperatur) mit Frischkäse und Crème fraîche verrühren, am besten mit dem Handrührgerät. Mit Meerrettich, Salz und Pfeffer abschmecken.

*Alle drei Brotaufstriche lassen sich gut mit Stangenweißbrot vor dem Essen zum Aperitif servieren.*

# Lammfleischfladen

Für 20 Fladen
Für den Teig:
gut 400 g Mehl und 1 EL zum Bestreuen des Teigs sowie zum Ausrollen
25 g Hefe
½ TL Zucker
knapp ¼ Liter warmes Wasser
3 EL Olivenöl
Salz
Öl oder Fett für das Backblech

Für den Belag:
3 Zwiebeln
2 Knoblauchzehen
1 kleine rote Chilischote
5 Stauden asiatischer Koriander
7 EL Olivenöl
1 kleine Dose geschälte Tomaten
4 EL Tomatenmark
Salz
½ TL Zimt
½ TL Kreuzkümmel
2 Msp. Kardamom
2 Msp. Koriander
2 Msp. Chilipulver
frisch gemahlener schwarzer Pfeffer
500 g Hackfleisch vom Lamm (Hüfte)

***Zubereitungszeit:***
*60 Minuten*
***Garzeit:** 15 Minuten*
***Backzeit:** 25 Minuten*

Das Mehl in eine Schüssel sieben. In die Mitte eine Vertiefung drücken. Hefe und Zucker hineinbröckeln und mit der Hälfte des warmen Wassers verrühren. Abgedeckt 15 bis 20 Minuten an einem warmen Ort stehen lassen, bis sich Bläschen gebildet haben und die Hefe aufgegangen ist. Olivenöl, das restliche Wasser und Salz hinzufügen und zu einem homogenen Teig verkneten. Den Teig wieder in die Schüssel geben. Mit wenig Mehl bestreuen und mit einem Tuch abgedeckt etwa 30 Minuten gehen lassen, bis sich das Volumen verdoppelt hat.
Den Teig erneut durchkneten und 20 Kugeln formen. Diese flachdrücken und auf die eingefetteten Backbleche legen. Nochmals kurz gehen lassen. Die Zeit, in der der Teig geht, für die Herstellung des Belags nutzen. Dazu die Zwiebeln und die Knoblauchzehen abziehen. Die Zwiebeln fein würfeln und den Knoblauch zerdrücken oder fein schneiden. Die Chilischote aufschneiden, entkernen und in winzige Stücke schneiden. Den Koriander waschen, trockentupfen, die Blättchen von den Stielen zupfen und hacken. 4 Eßlöffel Öl in einer weiten Pfanne erhitzen und die Zwiebeln darin einige Minuten goldgelb anbraten. Knoblauch, Chilischote und die vom Blütenansatz befreiten Tomaten einschließlich Brühe und Tomatenmark hinzufügen. Mit Salz, Zimt, Kreuzkümmel, Kardamom, Chilipulver und schwarzem Pfeffer gut abschmecken. Nochmals gut durchkochen lassen und vom Herd nehmen. Mit dem Hackfleisch und dem Koriander vermischen. Den Backofen auf 210 bis 220 °C (Umluft 190 °C) vorheizen. Die Teigfladen mit dem restlichen Olivenöl vorsichtig bestreichen und das Fleisch darauf verteilen. Im vorgeheizten Backofen in 20 bis 25 Minuten backen. Es werden drei Bleche benötigt. Sollten Sie keinen Umluftherd haben, so daß alle drei Bleche auf einmal gebacken werden können, muß dies nacheinander geschehen.

*Diese Lammfleischfladen eignen sich zum Abendessen, als kleine Zwischenmahlzeit, zum Picknick oder zum Einfrieren und schnellen Auftauen, wenn unerwartet Gäste kommen. Ein frischer Blattsalat und ein Roséwein oder auch Tee sind die ideale Ergänzung.*

# Hähnchenbrust-Salat
# Brunnenkresse-Salat

HÄHNCHENBRUST MIT LINSEN UND AVOCADOS
1 TL Zucker
4 EL Zitronensaft
Salz, weißer Pfeffer
2 Msp. Kreuzkümmel
1 Msp. Kurkuma
7–8 EL Olivenöl
2 Avocados
300–350 g gekochtes oder gebratenes Hähnchenbrustfleisch
80 g gekochte kleine Linsen aus der Champagne
12 Cocktailtomaten
2–3 Zweige Kerbel

***Zubereitungszeit:***
*12–15 Minuten*

BRUNNENKRESSE-PORTULAK-SALAT
Für die Sauce:
1 unbehandelte Limette
½ Zitrone
2 Frühlingszwiebeln
½ möglichst frische Knoblauchzehe
40 g Pistazienkerne
2 reife Avocados
6 EL Olivenöl
Salz, weißer Pfeffer
1 TL Zucker

1 Bund Brunnenkresse
etwa 2 Handvoll Portulak

***Zubereitungszeit:***
*16–20 Minuten*

HÄHNCHENBRUST MIT LINSEN UND AVOCADOS (oben)
Für das Dressing Zucker, Zitronensaft, Salz, Pfeffer, Kreuzkümmel und Kurkuma verrühren. Das Olivenöl unter Rühren nach und nach zufügen.
Die Avocados schälen, halbieren, den Kern entfernen und in einzelne Segmente schneiden. Dekorativ mit Hähnchenbrustfleisch, Linsen und Cocktailtomaten auf Tellern anrichten. Mit Dressing übergießen. Mit gewaschenen und trockengetupften Kerbelblättchen garniert sofort servieren, da Avocados bei längerem Stehen sich dunkel verfärben.

BRUNNENKRESSE-SALAT MIT PORTULAK (unten)
Die Limette gut waschen, trockentupfen. Die Hälfte der Schale abreiben. Den Saft der Limette und der Zitrone auspressen. Die Frühlingszwiebeln waschen, putzen und in dünne Ringe schneiden. Die Knoblauchzehe abziehen und zerdrücken oder sehr fein schneiden. Die Pistazienkerne hacken. Die Avocado schälen, halbieren und den Kern entfernen. Limetten- und Zitronensaft zufügen und mit dem elektrischen Handrührer pürieren. Limettenschale, Knoblauch, Olivenöl, Pistazienkerne und Frühlingszwiebeln zufügen. Mit Salz, Pfeffer und dem Zucker würzen. Die Brunnenkresse und den Portulak waschen und trockentupfen. Die Stiele entfernen und die Blättchen gefällig auf Tellern auslegen. Die Sauce dazugießen und sofort servieren. Als Getränk paßt dazu Mineralwasser oder auch eine Weinschorle.

*Den Farbtupfer neben den Avocados setzt bei dem Rezept mit der Hähnchenbrust der Kerbel, auch Suppen-, Körbel- oder Küchenkraut genannt. Das typische Frühjahrskraut weist einen süßlich-frischen Geschmack mit leichtem Anisaroma auf und sollte beim Kombinieren mit anderen, kräftiger aromatisierenden Kräutern nicht „zugedeckt" werden. Am besten kommen die Eigenschaften des Kerbel also solo zur Geltung, wenn die frisch geernteten Blätter und jungen Stengel erst nach Garende feingehackt über die Speisen gestreut werden.*

# Geflügelleber in Grün
# Fleischbällchen Orient

GEFLÜGELLEBER IN GRÜN
1 EL Balsamessig
1–2 EL Mineralwasser
Salz, schwarzer Pfeffer
6 EL Walnußöl
1 Büschel Löwenzahn
100 g Sauerampfer
1 EL gehackte Walnüsse
250–300 g Geflügelleber
1–2 TL Mehl
je 1 EL Distelöl und Butter
Salz, weißer Pfeffer
1 Zweig Majoran

***Zubereitungszeit:***
*15–20 Minuten*
***Garzeit:** 8 Minuten*

FLEISCHBÄLLCHEN
Für etwa 40 Bällchen
30–40 g Pinienkerne
5 getrocknete Aprikosen
3 EL Semmelbrösel
125 g Naturjoghurt
2 Frühlingszwiebeln
2 Knoblauchzehen
1 kleine rote milde Chilischote
2 Stauden asiatischer Koriander
500 g Lammhackfleisch
Salz, schwarzer Pfeffer
je ½ TL Piment und Zimt
zum Fritieren Sonnenblumen- oder Olivenöl

***Zubereitungszeit:** 20–25 Minuten (ohne Kühlzeit)*
***Garzeit:***
*zweimal 5–6 Minuten*

GEFLÜGELLEBER IN GRÜN (oben)
Balsamessig und Mineralwasser mit Salz und Pfeffer verrühren. Das Walnußöl nach und nach unterrühren. Löwenzahn und Sauerampfer waschen, trockentupfen, grobe Stiele entfernen und dekorativ so auf Tellern anrichten, daß noch Platz für die Leber ist. Mit der Salatsauce übergießen und mit den Walnüssen bestreuen. Die Leber waschen, trockentupfen und ganz leicht mit Mehl bestreuen. Das Öl in einer Pfanne erhitzen, die Butter zugeben und die Leber darin etwa 4 Minuten braten, einmal wenden, salzen, pfeffern und auf den Tellern anrichten. Mit Majoranblättchen bestreuen und sofort servieren.

FLEISCHBÄLLCHEN ORIENT (unten)
Die Pinienkerne hacken und die Aprikosen sehr klein schneiden, beides beiseite stellen. Sollten die Aprikosen sehr fest sein, dann müssen diese vorher eingeweicht werden.
Die Semmelbrösel mit dem Joghurt verrühren. Die Frühlingszwiebeln waschen, trockentupfen und in ganz dünne Ringe schneiden. Die Knoblauchzehen abziehen und zerdrücken oder sehr fein schneiden. Die Chilischote aufschneiden, entkernen und in winzige Stücke schneiden. Den Koriander waschen, trockentupfen, die Blättchen von den Stielen zupfen und hacken. Alle Zutaten mit dem Lammhackfleisch mischen. Mit Salz, Pfeffer, dem Piment und dem Zimt gut abschmecken. 20 bis 30 Minuten in den Kühlschrank stellen und danach aus der Masse etwa 40 kleine Fleischbällchen formen. Portionsweise in heißem Öl schwimmend braten. Das dauert jeweils 5 bis 6 Minuten, dabei darauf achten, daß sie rundum im Öl schwimmen und goldgelb, aber nicht zu dunkel werden. Mit dem Schaumlöffel herausnehmen und auf Küchenpapier abtropfen lassen.
Zum Aperitif anbieten oder als Vorspeise mit einer erfrischenden Joghurtsauce (s. Seite 116).

# Melonensalat
# Gefüllte Datteln

MELONENSALAT
Für etwa 10 Personen

½ unbehandelte Limette
1 Zitrone
2 EL Zucker
4 Msp. echte Bourbon-Vanille
1–2 Msp. Kardamom
1 Msp. Zimt
500 g Naturjoghurt
je 1 Melone mit orangefarbenem, gelbem oder weißem Fleisch
½ Melone mit rotem Fleisch
2–3 Zweige Zitronenmelisse

***Zubereitungszeit:***
*30 Minuten*

GEFÜLLTE DATTELN
20 frische Datteln
2–3 EL Mandelstifte oder Mandelblättchen
80–100 g sehr dünn geschnittener Parmaschinken
20 kleine Minzblättchen

***Zubereitungszeit:***
*20 Minuten*

MELONENSALAT
Die Schale der Limette abreiben. Den Saft der Limette und Zitrone auspressen. Mit Zucker, Vanille, Kardamom und Zimt unter den Joghurt rühren. Die Melonen aufschneiden. Die Kerne entfernen. Mit einem Kugelausstecher das Melonenfleisch formen und gut gekühlt mit den kleinen Zitronenmelisseblättchen garniert servieren. Den Joghurt darübergeben oder gesondert dazu reichen.

GEFÜLLTE DATTELN
Die Datteln aufschneiden, den Kern entfernen und statt dessen Mandelstifte oder -blättchen hineingeben. Mit in dünne Streifen geschnittenem Parmaschinken umwickeln. Je 1 Minzblättchen darauf legen und mit einem Zahnstocher festhalten. Zum Aperitif servieren.

*Seit der Antike wird Minze als Würze, aber auch als Duftspender verwendet. Bedeutung für die Küche haben einige aus der fast unüberschaubaren Vielzahl an Arten, die durch Selbstkreuzung entstanden sind. So die stark dominierende Pfefferminze, die sparsam verwendet werden sollte und sich mit keinem anderen Kraut gut kombinieren läßt. Grüne Minze ist die am meisten angebaute Sorte, mit kräftig süßem und zugleich kühlendem Aroma. Von der wildwachsenden, rundblättrigen Minze stammen unter anderem ab: Apfelminze mit sehr feinem Aroma, ideal für Erfrischungsgetränke; Orangenminze, auch Lavendelminze und Bergamotteminze genannt, mit angenehmem Geruch nach Orangenblüten; Basilikumminze, die wie Basilikum nach Zitronenschale duftet und Kuchen und Gebäck ein feines Aroma verleiht.*

# Gefüllte Kalmare
# Baby-Kraken

GEFÜLLTE KALMARE
12 kleine Kalmare von etwa 15 cm Größe
2 Zwiebeln
3 Knoblauchzehen
1 kleine frische rote Chilischote
1 Bund frischer Koriander
4 EL Olivenöl
2 EL Tomatenmark
etwa ½ TL gemahlener Koriander
2 Msp. gemahlener Kreuzkümmel
Salz
¼ Liter trockener Weißwein

***Zubereitungszeit:***
*30–35 Minuten*
***Garzeit:** 25–30 Minuten*

BABY-KRAKEN
800 g vorbereitete Baby-Kraken
4 Schalotten
3 Knoblauchzehen
1 Bund glattblättrige Petersilie
4 EL Olivenöl
¼ Liter trockener Weißwein
Salz
frisch gemahlener schwarzer Pfeffer

***Zubereitungszeit:***
*15–20 Minuten*
***Garzeit:** 15 Minuten*

GEFÜLLTE KALMARE (unten)
Die Kalmare waschen, die Haut abziehen und die Tentakel aus dem Körper ziehen. Kauwerkzeuge, transparentes Fischbein und Flossen entfernen. Nochmals Tentakel (Arme) und Rumpf waschen, dann trockentupfen.
Für die Füllung Tentakel und Flossen in kleine Stücke schneiden. Die Zwiebeln und die Knoblauchzehen abziehen. Die Zwiebeln fein würfeln, den Knoblauch zerdrücken. Die Chilischote aufschneiden, entkernen und sehr fein hacken. Das Koriandergrün waschen, trockentupfen, die Blättchen von den Stielen zupfen, einige für die Garnitur zurückbehalten, die anderen hacken.
Das Olivenöl in einer Pfanne erhitzen. Tentakel einige Minuten darin stark anbraten. Die Zwiebeln zufügen, nach wenigen weiteren Minuten Knoblauch und Chilischote. Mit Tomatenmark, Koriander, Kreuzkümmel und Salz würzen. Das Koriandergrün zufügen. Die Füllung etwas abkühlen lassen. Den Backofen auf 200 °C vorheizen. Mit einem Teelöffel die Farce in die Tuben füllen. Mit Holzstäbchen (Zahnstocher) verschließen, in eine Auflaufform geben und mit Wein begießen. Mit Alufolie abdecken und im vorgeheizten Backofen für 25 bis 30 Minuten garen. Mit Koriandergrün garnieren und zu Reis servieren.
Sollten die Kalmare sehr klein sein – sie sind dann besonders zart –, kann mit Hilfe eines Spritzbeutels die Füllung in den Rumpf gefüllt werden. Es lassen sich auch fertig vorbereitete Kalmaretuben verwenden.

BABY-KRAKEN (oben)
Die Baby-Kraken waschen und trockentupfen. Die Schalotten und Knoblauchzehen abziehen. Die Schalotten fein würfeln, den Knoblauch zerdrücken. Die Petersilie waschen, trockentupfen, die Blättchen von den Stielen zupfen, einige für die Garnitur zurückbehalten, die anderen hacken.
Das Olivenöl in einer Pfanne erhitzen und die Kraken darin kurz und scharf anbraten. Nach einigen Minuten die Schalotten zufügen und bei reduzierter Temperatur weiter braten, insgesamt etwa 10 Minuten, nun den Knoblauch zufügen und mit dem Wein ablöschen. Noch 5 Minuten köcheln lassen. Mit Salz und Pfeffer würzen und die Petersilie zufügen.
Mit Safranreis und kühlem Roséwein ein runder Genuß.

# Sepia in würziger Sauce
# Schnecken mit Aioli

SEPIA IN WÜRZIGER SAUCE
1 kg Sepia
1 große Zwiebel
2 Knoblauchzehen
1–2 Selleriestangen
2 Tomaten
1 Bund Dill
4 EL Olivenöl
1–2 EL Tomatenketchup
Salz, schwarzer Pfeffer
¼ Liter trockener Weißwein

***Zubereitungszeit:***
*25–30 Minuten*
***Garzeit:** 20 Minuten*

SCHNECKEN MIT AIOLI
Für die Aïoli:
3 Knoblauchzehen
Salz
2 Eigelb
200 ml Olivenöl
1–2 TL Zitronensaft

48 Achatschnecken aus der Dose
1 Bund frischer Koriander
Butter zum Ausstreichen der Teller

***Zubereitungszeit:***
*12–15 Minuten*
***Garzeit:** 8–10 Minuten*

SEPIA IN WÜRZIGER SAUCE (oben)
Kopf und Fangarme des Sepia abschneiden. Den Sepia vorsichtig aufschneiden, damit der Tintenbeutel nicht beschädigt wird.
Den Rumpf herausnehmen, Eingeweide entfernen. Die Tinte herausdrücken und in eine bereitstehende Schale geben.
Den gesäuberten Körper in Streifen schneiden, die Arme in Stücke. Die Zwiebel und die Knoblauchzehen abziehen. Die Zwiebel würfeln und den Knoblauch zerdrücken oder sehr fein schneiden. Die Selleriestangen in kleine Stücke schneiden. Die Tomaten überbrühen, häuten und kleinschneiden. Den Dill waschen, trockentupfen, etwas für die Garnitur zurückbehalten, den Rest hacken. Das Olivenöl in einer Pfanne erhitzen und den Sepia anbraten. Die Zwiebel und den Sellerie zufügen und nach einigen Minuten Knoblauch, Tomaten und Tomatenketchup. Mit Salz und Pfeffer würzen. Mit dem Wein ablöschen. 10 Minuten köcheln lassen. Mit Dill bestreuen, mit Reis, der mit der Tinte schwarz gefärbt wurde, oder einfach nur mit Stangenweißbrot servieren. Ein einfacher leichter Rotwein mundet gut dazu.

SCHNECKEN MIT AIOLI (unten)
Den Knoblauch abziehen, zerdrücken oder sehr fein schneiden und mit Salz und Eigelb rühren, bis alles cremig ist. Nach und nach das Öl unter ständigem Rühren tropfenweise zufügen. Mit Zitronensaft abschmecken.
Die Achatschnecken abtropfen lassen. Den Koriander waschen, trockentupfen, die Blättchen von den Stielen zupfen, einige für die Garnitur zurückbehalten, die anderen hacken.
4 feuerfeste kleine Formen oder Teller mit Butter ausstreichen.
Je 12 Achatschnecken darauf verteilen. Mit Koriander bestreuen und mit Aïoli bestreichen. 8 bis 10 Minuten unter den mittelheißen Grill geben und goldgelb werden lassen. Mit Koriander garnieren und mit Stangenweißbrot servieren. Ein kühler Rosé oder leichter Rotwein paßt ausgezeichnet dazu.

*Ein anderer Name für Koriander – Wanzenkraut – sagt etwas über den Geruch des frischen Krauts aus. Chinesische Petersilie heißt es auch, sieht der Petersilie auch ähnlich, schmeckt jedoch ganz anders, kräftiger aromatisch, sollte aber nie mitgekocht werden.*

# Kräuter-Timbale mit Garnelen

Für etwa 8 Förmchen
Für die Timbale:
4 Blatt weiße Gelatine
10 Zweige frische gemischte Kräuter wie Basilikum, Kerbel, Petersilie, Dill
1 frisches Eigelb
400 g Quark (10 % Fettgehalt)
200 g Kräuter-Frischkäse
150 g Crème fraîche
Salz
frisch gemahlener weißer Pfeffer
4–5 EL Milch
Öl für die Förmchen

Für die Sauce:
1 Knoblauchzehe
250–300 g cremiger Naturjoghurt
2–3 EL Tomatenketchup
4–5 Tropfen Tabasco
Salz
frisch gemahlener schwarzer Pfeffer
2–3 EL Cognac

48 gekochte Garnelen

***Zubereitungszeit:***
*25–30 Minuten ohne Kühlzeit*

Die Gelatine in kaltem Wasser einweichen. Die Kräuter waschen, trockentupfen, die Blättchen von den Stielen zupfen und hacken. Eigelb, Quark, Kräuter-Frischkäse und Crème fraîche verrühren. Die Kräuter unterziehen, mit Salz und Pfeffer würzen. Die Gelatine in der heißen Milch auflösen, etwas von der Quarkmasse hineinrühren, dann alles miteinander vermischen. Die Förmchen mit Öl ausstreichen. Die Masse hineinfüllen und etwa 2 Stunden in den Kühlschrank stellen, bis die Masse fest ist.
Währenddessen die Sauce herstellen. Die Knoblauchzehe abziehen und zerdrücken oder sehr fein schneiden. Joghurt, Tomatenketchup und Knoblauch verrühren. Mit Tabasco, Salz, Pfeffer und Cognac gut abschmecken.
Mit einem Messer am Rand der Förmchen entlang fahren. Die Timbale kurz in heißes Wasser tauchen und auf Tellern anrichten. Die Sauce dazugießen. Die Garnelen dekorativ anlegen. Ideal paßt ein trockener Weißwein dazu, warum nicht von der Mosel?

*Von der Petersilie, die heute in allen gemäßigten Zonen der Erde gedeiht, werden drei Arten am meisten genutzt: Die krause Petersilie ist schön dekorativ und paßt zu einer Vielzahl von Speisen. Glattblättrige oder französische Petersilie würzt bei weitem stärker als ihre krause Schwester, ist Bestandteil klassischer französischer Kräutermischungen und sollte erst nach Garende zugefügt werden. Wurzelpetersilie ähnelt im Geschmack einer Mischung aus Sellerie und Petersilie und verträgt auch deftigere Behandlung und Umgebung: so in Eintöpfen oder als prägender Bestandteil eines Kartoffelbreis.*

TABASCO
PEPPER

# Kartoffel-Bataten-Suppe
# Gurkensuppe

KARTOFFEL-BATATEN-SUPPE
850 g Kartoffeln
300 g rosa Bataten
1 Zwiebel
1 Bund Suppengrün (Lauch, Karotte, Sellerie)
2 Zweige Liebstöckel
1 Zweig Majoran
150–200 g magerer geräucherter Bauchspeck
1½–2 EL Butter
1½ Liter Gemüse- oder Fleischbrühe
Salz, schwarzer Pfeffer

***Zubereitungszeit:***
*20 Minuten*
***Garzeit:** 30 Minuten*

GURKENSUPPE
1 Salatgurke
2–3 Zweige Minze
1–2 Knoblauchzehen
350–400 g Joghurt
Salz
rosa Pfefferkörner

***Zubereitungszeit:***
*12 Minuten*

KARTOFFEL-BATATEN-SUPPE (unten)
Die Kartoffeln und Bataten waschen, schälen und in Scheiben oder große Würfel schneiden. Die Zwiebel abziehen. Das Suppengrün waschen, putzen und kleinschneiden. Die Blättchen der Kräuter von den Stielen zupfen und getrennt hacken. Einige Majoranblättchen für die Garnitur zurückbehalten. Die Schwarte des Bauchspecks abschneiden. Den restlichen Speck fein würfeln.
Die Butter in einem Topf erhitzen. Die Zwiebel und das Gemüse unter Rühren andünsten. Die Kartoffeln und Bataten zufügen und mit der Brühe auffüllen. Die Schwarte des Bauchspecks und den Liebstöckel hineingeben, salzen, pfeffern und etwa 30 Minuten kochen lassen.
Die Schwarte entfernen. Die Suppe durch ein Sieb passieren oder pürieren. Den gehackten Majoran unterrühren und abschmecken. Den Bauchspeck in einer Pfanne einige Minuten unter Rühren braten. Auf die Suppe geben und mit den kleinen ganzen Blättchen garnieren.
Wünscht man die Suppe flüssiger, etwas mehr Brühe verwenden.

GURKENSUPPE (oben)
Die Gurke schälen, entkernen und in Stücke schneiden. Die Minze waschen, trockentupfen, die Blättchen von den Stielen zupfen, einige für die Garnitur zurückbehalten, die anderen hacken. Die Knoblauchzehe abziehen. Alles zusammen mit dem Joghurt in den Mixer geben. Mit Salz würzen. Gut gekühlt mit Minzblättchen und den Pfefferkörnern garniert auftragen.

*Der gängige Name „Liebstöckel" für dieses intensiv aromatische Kraut ist irreführend. Allenfalls wirken die ätherischen Öle aus den Wurzeln des „Maggikrauts" auch harntreibend, und das reicht im Volksglauben wohl aus, es als Liebespflanze anzusehen.*
*Die günstigen würzenden Eigenschaften sind unumstritten: Liebstöckelzweige und -blätter lassen sich mitkochen, vertragen lange Garzeiten, verleihen Salaten, Saucen, Suppen, Fleisch- und Gemüsegerichten eine aromatische Note. Mit Liebstöckel läßt sich Salz ersetzen. Und die vitaminreichen Samen werden ganz oder gemahlen über Salate, Reis und Kartoffelpüree gestreut und in manchem Gebäck verarbeitet.*

# Thailändische Fischsuppe

2 Zitronenblätter
1 Liter Gemüsebrühe
½ Stengel Zitronengras
etwa 3 cm Galgantwurzel
2–3 EL Shrimp-Paste
1 kleine rote Chilischote
150 g Sojabohnensprossen
80 g Basmatireis
250 g festes Fischfilet
4–5 EL Kokosnußmilch (Dose)
100 g kleine Garnelen
nach Belieben helle Sojasauce

***Zubereitungszeit:***
*12–15 Minuten*
***Garzeit:** 17 Minuten*

Die Zitronenblätter in etwas Brühe einweichen. Zitronengras von der äußeren harten Umhüllung befreien, Galgant schälen und beides mit etwas Brühe im Mixer zerkleinern. Die Shrimp-Paste zufügen. Die Chilischote aufschneiden, entkernen und in winzige Stücke schneiden. Die Sojabohnensprossen waschen und abtropfen lassen. Die restliche Gemüsebrühe zum Kochen bringen und den Reis einstreuen. Einmal durchheben und abgedeckt etwa 10 Minuten kochen lassen. Nach 5 Minuten die Sojabohnensprossen und den Fisch zufügen. Kurz vor Garende die Mixtur aus Zitronengras, Galgant und Shrimp-Paste sowie Kokosnußmilch, Garnelen und Chilischote zufügen. Die eingeweichten Zitronenblätter in hauchdünne Streifen schneiden. Diese noch einmal halbieren und in die Suppe rühren. Nach Belieben mit der hellen Sojasauce abschmecken.

*Dies ist die richtige Stelle, um einige Tips zur Verwendung von Galgant, einem Verwandten des Ingwer, zu verraten: Getrocknete Wurzelstücke oder Scheiben sind zäher und holziger als die vom Ingwer, sollten daher vor dem Servieren aus den Speisen entfernt werden. Frische Wurzeln haben ein angenehmes Aroma. – Ingwer kann Galgant jederzeit ersetzen, sollte dann aber sparsamer dosiert werden.*

*Des weiteren ist von Zitronengras die Rede. Dieses in ganz Südostasien, Indien, Afrika und Australien angebaute Gras würzt viele ostasiatische Gerichte. Für die Küchenpraxis werden nur die unteren 15 cm der Halme verwendet und dazu in kleine Stücke geschnitten. Meist kocht man Zitronengras mit und entfernt es vor dem Servieren wieder. Sein Geschmack harmoniert mit Zwiebeln, Knoblauch, Chilies und frischen Korianderblättern. Zerkleinerte, gehackte Halme müssen vor Gebrauch in heißem Wasser eingeweicht werden. Gemahlene Halme werden direkt an die Speisen gegeben.*

# Brennessel-Suppe Grünkernsuppe

BRENNESSEL-SUPPE
1 Zwiebel
1 Karotte
1 Stück Knollensellerie von etwa 50 g
gut 100 g Brennesseln, möglichst jung
50–60 g Butter
2 EL feiner Vollkorngrieß
gut 1 Liter Hühnerbrühe, möglichst selbsthergestellte
Salz
frisch gemahlener weißer Pfeffer

***Zubereitungszeit:***
*15 Minuten*
***Garzeit:** 20–22 Minuten*

GRÜNKERNSUPPE
80 g Grünkernschrot
25 g Butter
1½ Liter Hühnerbrühe
Salz
frisch gemahlener Pfeffer
1–2 Handvoll gemischte Kräuter wie Petersilie, Kerbel, Schnittlauch, Salbei, Thymian, Borretsch usw.
1–2 EL Crème fraîche

***Zubereitungszeit:***
*15 Minuten*
***Garzeit:** 25–30 Minuten*

BRENNESSEL-SUPPE (unten)
Die Zwiebel abziehen und hacken. Die Karotte putzen und wie den geschälten Sellerie in kleine Stücke schneiden. Die Brennesseln waschen, trockentupfen, die Blättchen von den Stielen zupfen und hacken. Die Hälfte der Butter in einem Topf erhitzen. Die Zwiebel darin andünsten. Karotte und Sellerie zufügen, 6 bis 8 Minuten weiter dünsten. Die restliche Butter zufügen, den Grieß einstreuen und leicht rösten. Mit der Hühnerbrühe ablöschen, aufkochen, salzen und pfeffern. Etwa 8 Minuten köcheln lassen, bis das Gemüse weich ist. Die Brennnesseln zufügen, die Suppe mit dem Schneidstab pürieren, gerade noch 2 Minuten köcheln lassen und servieren.
Wer möchte, kann mit Crème fraîche verfeinern oder einen Sahnetupfer darauf setzen.

GRÜNKERNSUPPE (oben)
Entweder Grünkern in der Getreidemühle auf Stufe 2 selbst mahlen oder dies im Laden erledigen lassen. In einer trockenen Pfanne unter ständigem Rühren Grünkernschrot rösten, bis er nußartig riecht, ihn aber nicht dunkel werden lassen. Die Butter hineingeben und mit der Brühe auffüllen, salzen und pfeffern.
25 bis 30 Minuten köcheln lassen. Währenddessen die Kräuter waschen, trockentupfen, die Blättchen von den Stielen zupfen und hacken. Kurz vor dem Servieren Crème fraîche und die Kräuter unterrühren.

*Ein Kraut, das jeder liebt, ist die Brennessel sicher nicht. Wer die Brennhaare reiferer Pflanzen angefaßt hat, weiß, wie stark die Haut dann eine Zeitlang juckte ... Dabei sind die jungen Blätter der Brennessel völlig harmlos, gesund und schmackhaft, voller Vitamine und von säuerlichem Aroma. Übrigens: Es gibt zwei Arten in unseren Breiten: die sehr häufige Große Brennessel, oft beinahe mannshoch und mit langen, hängenden Blütenrispen, und die seltenere Kleine Brennessel, die bis zu 60 cm hoch wird und kurze, waagerechte oder hängende Blütenrispen aufweist. Bis zur Blüte im Juni darf man mit der Ernte aber nicht warten. Dann ist es besser, die unscheinbare Schönheit der durch und durch grünen Pflanze den Insekten zu überlassen.*

# Marokkanische Harira

Für 5–6 Personen
125 g Linsen
125 g Kichererbsen
450 g Lammfleisch
600–700 g Geflügelklein
1 Gemüsezwiebel
1 Karotte
1 Stange Staudensellerie
1 kleines Stück Lauch (Porree)
½ TL Kurkuma
2 Msp. Safran
¼ TL Paprikapulver, edelsüß
¼ TL gemahlener Ingwer
¼ TL Zimt
¼ TL frisch gemahlener schwarzer Pfeffer

100 g Reis

3 Fleischtomaten
3 Zweige glattblättrige Petersilie
3 Stauden Koriander
2 EL Mehl
2 EL Tomatenmark
1 EL Butterschmalz
Salz
1 Zitrone

***Zubereitungszeit:***
*20–25 Minuten*
***Garzeit:***
*1 Stunde 15 Minuten*

Linsen und Kichererbsen getrennt über Nacht einweichen. Das Lammfleisch in sehr kleine Würfel schneiden. Das Geflügelklein waschen und trockentupfen. Die Zwiebel abziehen und hacken. Karotte, Staudensellerie und Lauch putzen und in kleine Stücke schneiden. Lammfleisch, Hühnerklein und Hülsenfrüchte in einen großen Topf geben. Mit 2 Liter Wasser bedecken und zum Kochen bringen. Den Schaum abschöpfen, das Gemüse zugeben, dann mit Kurkuma, Safran, Paprika, Ingwer, Zimt und Pfeffer würzen. 1 Stunde bei mäßiger Temperatur kochen lassen. Das Hühnerfleisch von den Knochen lösen und zurück in den Topf geben.
Den Reis extra kochen. Dazu ½ Liter Wasser zum Kochen bringen. Den Reis hineinschütten, einmal durchrühren und abgedeckt 15 Minuten bei mäßiger Temperatur kochen lassen.
Währenddessen die Tomaten überbrühen, häuten, entkernen und hacken. Petersilie und Koriander waschen, trockentupfen, die Blättchen von den Stielen zupfen und hacken. 2 Eßlöffel Mehl mit Wasser verrühren und mit Tomaten, Tomatenmark und Butterschmalz ¼ Stunde vor Garende in die Suppe rühren.
2 Minuten vor Garende den Reis zufügen, salzen, eventuell noch nachwürzen und kurz vor dem Servieren die Kräuter unterrühren.
Mit Zitronenecken servieren, mit denen sich jeder seine Suppe pikant abschmecken kann.

*In dieser Suppe – oder sagen wir besser Eintopf – sind bereits einige Gewürze versammelt, die einen Hauch Exotik ins Spiel bringen. Kurkuma, das intensiv gelbe Pulver, wird aus der fleischigen Wurzel der Gelbwurz, eines südostasiatischen Ingwergewächses, gewonnen. Es ist Bestandteil des Currypulvers. Für Safran werden die Narben der leuchtend lila Blüten einer Krokusart von Hand abgezwickt, das früher äußerst begehrte Gewürz gehört auch heute noch zu den teuersten überhaupt. Weit weniger ist indes für die gängigeren Gewürze Ingwer, Zimt und Paprika zu zahlen.*

# Zweimal Linsensuppe

LINSENSUPPE AUF LIBANESISCHE ART
125 g Linsen
1 Liter Lamm- oder Geflügelbrühe, ungesalzen
1 Zwiebel, 2 Tomaten
1 Karotte, 1 Selleriestange
2–3 Knoblauchzehen
3 EL Olivenöl, Salz
1–1½ EL Zitronensaft
2 Zweige glattblättrige Petersilie
3–4 Zweige Zitronenthymian
schwarzer Pfeffer
1 Msp. Kreuzkümmel
2 EL Tomatenmark
1–2 TL Butterschmalz

***Zubereitungszeit:***
*15–18 Minuten*
*(ohne Einweichen)*
***Garzeit:** 50 Minuten*

LINSENSUPPE
100 g kleine braune Linsen
1 Schalotte, 1 Karotte
1 Stück Lauch (Porree)
40 g Butter
40 g Kastanien- oder
15–20 g Vollkornmehl
½ TL getrockneter Majoran
¼ Liter Gemüsebrühe
⅛ Liter guter Rotwein
Salz, schwarzer Pfeffer
2 Zweige frischer Majoran

***Zubereitungszeit:***
*10–12 Minuten*
*(ohne Einweichen)*
***Garzeit:** etwa 30 Minuten*

LINSENSUPPE AUF LIBANESISCHE ART (links)
Die Linsen über Nacht in 1 Liter Wasser einweichen. Am nächsten Tag die Linsen gut durchspülen, in einen Topf geben und mit der Brühe begießen. Die Zwiebel abziehen, Tomaten häuten, Karotte und Selleriestange putzen, alles kleinschneiden und zufügen. Etwa 50 Minuten köcheln lassen, bis die Linsen weich sind. Währenddessen den Knoblauch abziehen und zerdrücken oder sehr fein schneiden. Das Öl unter Rühren zufügen. Mit Salz und Zitronensaft abschmecken. Petersilie und Thymian waschen, trockentupfen, die Blättchen von den Stielen zupfen und die Petersilie hacken. Die Linsensuppe mit dem Schneidstab des Handrührers pürieren. Mit Salz, Pfeffer, Kreuzkümmel und Tomatenmark abschmecken. Das Butterschmalz und die Knoblauchmischung hineinrühren. Nochmals kurz aufkochen lassen, vom Herd nehmen, Petersilie und Thymian zufügen und nach Geschmack mit Zitronenschnitzen servieren. Jeder kann die Suppe nach Belieben noch etwas säuern. Und wer es zur Verfügung hat, trinkt frisches Brunnenwasser dazu.

LINSENSUPPE (rechts)
Die Linsen einige Stunden in kaltem Wasser einweichen. Die Schalotte abziehen und hacken. Die Karotte putzen und würfeln. Den Lauch längs aufschneiden, gründlich waschen und in dünne Scheiben schneiden. Die Butter in einem Topf erhitzen, das Gemüse darin leicht andünsten. Mit dem Kastanien- oder Vollkornmehl bestreuen und kurz durchschwitzen lassen. Mit ¾ Liter Wasser ablöschen. Die Linsen durchspülen und mit dem getrockneten Majoran zugeben. Je nach Alter und Sorte die Linsen etwa 20 Minuten köcheln lassen, bis sie gar sind. Zum Schluß die Gemüsebrühe und den Wein zugießen. Mit Salz und Pfeffer abschmecken. Nochmals kurz erhitzen. Den Majoran waschen, trockentupfen, die Blättchen von den Stielen zupfen, hacken und über die Linsensuppe streuen.

# Bohnensuppe mit Harissa

350 g dicke weiße Bohnen
1 Gemüsezwiebel
2 Fleischtomaten
4 EL Olivenöl
2 EL Tomatenmark
1½ Liter ungesalzene Lammfleischbrühe

Für die Harissa-Mischung:
30 frische Chilischoten
3–4 Knoblauchzehen
2½ TL Kreuzkümmel
1 TL Koriander
Salz
8–10 EL Olivenöl
1 TL Paprikapulver, edelsüß

1 Bund Schnittlauch

***Zubereitungszeit:*** *30–35 Minuten*
***Garzeit:*** *75 Minuten*

***Tip:***
*Die Chilischoten am besten nur mit Handschuhen anfassen.*

Die Bohnen über Nacht in kaltem Wasser einweichen. Am nächsten Tag die Zwiebeln abziehen und hacken. Die Tomaten überbrühen, häuten, hacken und würfeln. Das Olivenöl in einem Topf erhitzen. Die Zwiebel darin andünsten. Tomatenwürfel und Tomatenmark zufügen und mit der Lammfleischbrühe ablöschen. Die Bohnen aus dem Einweichwasser nehmen, durchspülen und hineingeben. Etwa 75 Minuten köcheln lassen, bis die Bohnen weich sind. Den Schaum öfters abschöpfen.
Währenddessen die Chilischoten aufschneiden, Zwischenwände und Kerne entfernen und sehr klein schneiden. Den Knoblauch abziehen, zerdrücken und mit Kreuzkümmel, Koriander und Salz zu einer Paste verarbeiten. Das Olivenöl unter Rühren zufügen. Die Bohnen pürieren, mit Salz und Paprika würzen und 1 bis 2 Teelöffel Harissa in die Suppe rühren. Den Schnittlauch in Röllchen schneiden und über die Suppe streuen.
Die restliche Harissa hält sich einige Tage im Kühlschrank.

***Variante:*** Die Harissa wird mit gehäuteten, kleingeschnittenen roten Paprikaschoten milder.

*Auf der Grundlage von zerkleinerten Chillies werden in verschiedenen Erdteilen scharfe Gewürzmischungen hergestellt. Weitreichende Verwandtschaften in den Küchen Asiens, Afrikas und Mexikos erklären sich zum Großteil durch die alten Gewürzhandelswege, die zum kulinarischen Austausch und zur Bereicherung unter den verschiedenen Regionen führten.*
*Harissa heißt die scharfe Gewürzpaste, die im Maghreb weit verbreitet ist. In diesem maghrebinischen Rezept, das in Algerien, Tunesien und Marokko sicher überall individuell variiert wird, spielt Harissa die entscheidende Rolle. Nam prik wird in Thailand ganz ähnlich gemischt, aus Chillies, Knoblauch, Schalotten, Pflanzenöl und ein paar weiteren Würzzutaten. Und in Mexiko ist die Vielfalt an Gewürzmischungen, ob nun trocken, als salsa (Würzsauce) oder mole (dicke Würzsauce bis -paste), so groß, daß sicher eine zu finden ist, die der nordafrikanischen harissa weitgehend gleicht.*

*Der Neugier freie Bahn! Von überall her stammen die Gerichte auf den nächsten 30 Seiten, genauso international sind die Würzzutaten. Sicher liegt der Schwerpunkt auf vegetarischen Speisen aus den Ländern rund um das Mittelmeer. Wer aber an den regen Gewürzhandel der Araber, der früheren Seemacht Venedig, der Portugiesen und Spanier denkt, hat schnell über den „europäischen Tellerrand" hinaus geblickt. Da sind sie schon, die pikanten, oftmals scharfen Gewürze, an die wir uns schnell gewöhnen werden, wenn wir sie wie den Pfeffer nicht bereits längst schätzengelernt haben: Ingwer und Kurkuma, Curry und Chillies, Piment und Kreuzkümmel – alle geeignet, einen Hauch Exotik in unsere Töpfe zu zaubern.*

# GEMÜSE, BEILAGEN UND SAUCEN

# Basilikum-Lasagne

Für die Basilikumpaste (Pesto):
80–100 g Basilikum
3 Knoblauchzehen
40–50 g Pinienkerne
Salz
40 g frisch geriebener Parmesan oder Pecorino Sardo
80–100 ml kaltgepreßtes Olivenöl

Für die Béchamelsauce:
60 g Butter
50 g Mehl
gut ¾ Liter Milch
Salz
frisch gemahlener weißer Pfeffer
abgeriebene Muskatnuß

2 Tomaten
Butter für die Form
etwa 12 Lasagneteigblätter
40–50 g frisch geriebener Parmesan zum Bestreuen
30–40 g Pinienkerne

***Zubereitungszeit:***
*25–30 Minuten*
***Backzeit:***
*etwa 45 Minuten*

Für den Pesto das Basilikum waschen, trockentupfen und die Blättchen von den Stielen zupfen. Den Knoblauch abziehen. Entweder beides zusammen mit Pinienkernen und Salz im Mörser zerstoßen und den geriebenen Käse sowie das Olivenöl nach und nach unter Rühren hinzugeben oder, was wesentlich einfacher geht, alles im Mixer pürieren.
Für die Béchamelsauce die Butter in einem Topf erhitzen. Das Mehl hineinstreuen und goldgelb durchschwitzen lassen. Separat die Milch erhitzen. Unter ständigem Rühren mit dem Schneebesen nach und nach die heiße Milch hinzugießen. 8 bis 10 Minuten bei mäßiger Temperatur köcheln lassen. Vom Herd nehmen. Die Basilikumpaste hineinrühren. Mit Salz, Pfeffer und Muskatnuß würzen.
Die Tomaten waschen, vom Stielansatz befreien und in sehr dünne Scheiben schneiden. Eine feuerfeste, möglichst rechteckige Auflaufform von etwa 24 x 34 cm mit Butter ausstreichen. Den Backofen auf 200 °C vorheizen. Etwas Sauce in die Form gießen, so daß der Boden bedeckt ist. Mit Lasagneblättern auslegen. Wieder Sauce darauf verteilen. Nun mit Tomatenscheiben bedecken. Es folgen Lasagneblätter, Sauce und Tomaten, bis alles aufgebraucht ist. Mit dem Parmesan und den Pinienkernen bestreuen. Im vorgeheizten Backofen in etwa 35 Minuten backen.
Heiß, lauwarm oder kalt ist dieses Gericht gleichermaßen ein Genuß. Ein trockener Weißwein aus Ligurien ist ein idealer Begleiter.

# Kartoffelkuchen
# Kartoffelplätzchen

KARTOFFELKUCHEN
80 g Butter
600 g Kartoffeln
Salz
2–3 Zweige Ysop
4 Eier
100 g Frischkäse
80 g Mehl
50 g Speisestärke
frisch gemahlener weißer Pfeffer
abgeriebene Muskatnuß
Butter für die Form

***Zubereitungszeit:***
*15–20 Minuten*
***Backzeit:***
*70–75 Minuten*

KARTOFFELPLÄTZCHEN
750 g Kartoffeln
50–60 g Mehl
50–60 g Kartoffelmehl
2 kleine Eier
Salz, schwarzer Pfeffer
abgeriebene Muskatnuß
1–2 Msp. getrockneter Salbei
2 EL Öl
1 EL Butter

***Zubereitungszeit:***
*15–20 Minuten (ohne Ruhezeit)*
***Garzeit:*** 30 Minuten

KARTOFFELKUCHEN (unten)
Die Butter auf Zimmertemperatur bringen. Die Kartoffeln waschen, schälen, vierteln und etwa 20 Minuten in Salzwasser gar kochen. Nach dem Ausdampfen warm durch die Kartoffelpresse drücken. Ysop waschen, trockentupfen, die Blättchen von den Stielen zupfen und hacken. Die Eier trennen. Das Eiweiß mit Salz steif schlagen. Weiche Butter und Eigelb verrühren. Den Frischkäse unterrühren. Kartoffeln, Mehl, Speisestärke und Kräuter zugeben. Mit Salz, Pfeffer und Muskat würzen. Den Eischnee unterheben. Den Backofen auf 200 °C vorheizen. Eine Form von etwa 25 cm Durchmesser mit Butter einfetten. Die Masse einfüllen und im vorgeheizten Backofen in 70 bis 75 Minuten backen.

*Mit einem frischen gemischten Blattsalat ist dies ein vollständiges vegetarisches Essen. Auch ein Ragout von frischen Waldpilzen würde sehr gut dazu passen. Und zu trinken das, was Ihnen gerade schmeckt: Mineralwasser, Most, Weinschorle, ein kühles Bier.*

KARTOFFELPLÄTZCHEN (oben)
Die Kartoffeln in der Schale kochen, pellen und durchpressen. Mit Mehl, Kartoffelmehl und Eiern verrühren. Je nach Beschaffenheit der Kartoffeln eventuell etwas mehr Mehl und Kartoffelmehl nehmen. Mit Salz, Pfeffer, Muskatnuß und Salbei abschmecken. 1 Stunde ruhen lassen.
Öl in einer Pfanne erhitzen und die Butter zufügen. Mit einem Eßlöffel Kartoffelmasse abnehmen, etwas flachdrücken und die Kartoffelplätzchen beidseitig je etwa 4 Minuten bei mittlerer Temperatur goldgelb braten.

*Die Kartoffelplätzchen sind – ähnlich wie der Kartoffelkuchen – eine gute Grundlage für ein komplettes Gericht: beispielsweise mit Kräuterquark und Salat. Die Plätzchen sind aber auch eine sehr schöne Beilage zu Wild.*

# Apfel-Lauch-Kuchen

Für 6 Stück
Für den Teig:
160 g Mehl
25 g Hefe
65 ml Milch
60 g Butter
1 Ei
Salz
je etwa 1 EL Butter und Mehl für die Form

Für den Belag:
1 Stange Lauch (Porree), nach dem Putzen etwa 125–150 g
1 Zwiebel
1 Knoblauchzehe
3 Äpfel, etwa 400 g
150 g spanische Chorizo oder eine ähnliche Wurst
1½ EL Olivenöl
30 g Butter
Salz
frisch gemahlener schwarzer Pfeffer
1–1½ TL getrockneter Majoran
175 g Kräuter-Crème-fraîche
2 Eier

***Zubereitungszeit:***
*20 Minuten*
*(ohne Ruhezeit)*
***Backzeit:** 45–55 Minuten*

Das Mehl in eine Schüssel sieben. In die Mitte eine Vertiefung drücken. Die Hefe hineingeben. Die Milch leicht erwärmen, zugießen und verrühren. Butter, Ei und Salz zufügen, zu einem homogenen Teig verkneten. 1 Stunde ruhen lassen. Währenddessen für den Belag den Lauch längs aufschneiden, gut waschen und quer in schmale Ringe schneiden. Die Zwiebel und die Knoblauchzehe abziehen. Die Zwiebel in kleine Würfel schneiden, den Knoblauch zerdrücken oder sehr fein schneiden. Die Äpfel schälen, vom Kerngehäuse befreien und würfeln. Die Wurst pellen und in kleine Stücke schneiden. Das Öl in einer tiefen Pfanne erhitzen. Die Butter zugeben. Lauch und Zwiebel darin andünsten. Knoblauch und Äpfel zufügen und 5 Minuten weiter dünsten. Die Wurst hineingeben. Mit Salz, Pfeffer und Majoran gut abschmecken. Etwas abkühlen lassen. Crème fraîche und Eier zu der Masse geben. Den Backofen auf 200 °C vorheizen. Eine Kuchenform von 22 bis 24 cm Durchmesser einfetten. Mit Mehl bestreuen, den Teig ausrollen und hineingeben. Einen Rand hochziehen. Das Apfel-Lauch-Gemüse einfüllen und im vorgeheizten Backofen in 45 bis 55 Minuten backen.
Ausgezeichnet paßt dazu jede Art Apfelgetränk: ein Apfelwein – ob nun französischer Cidre oder hessischer Äppelwoi –, auch Apfelmost oder alkoholfreies Apfelschorle.

*Bei Majoran, diesem im Mittelmeerraum auch in der Wildform Oregano häufigen Kraut, sollten sie ein paar Dinge beachten: Gute Qualität erkennt man am intensiven Geruch, wenn Blätter zwischen zwei Fingern zerrieben werden, und am frischen Aussehen; die Blätter müssen grün und nicht silbergrau sein. Frischer Majoran schützt Fett vor zu schnellem Ranzigwerden und aktiviert die Magensäfte. Er eignet sich daher sehr gut für die Herstellung von Wurst und für die frische Zubereitung fetterer Fleischspeisen wie Schweinebauch, Gulasch, Innereien. Getrocknet verliert er zwar erheblich an Aroma, doch gibt er den Gerichten immer noch eine angenehm-südliche Note.*
*So ist Majoran oder Oregano auch in beinahe jeder Mischungsvariante der „getrockneten" Kräuter der Provence zu finden.*

# Gratinierte Bataten
# Polentaauflauf

GRATINIERTE BATATEN
600–650 g Bataten,
etwa 1 oder 2 Knollen
Für die Sauce:
3–4 Zweige
Zitronenmelisse
25 g Butter
15 g Mehl
gut ¼ Liter Milch
Salz, schwarzer Pfeffer
2 Eier
40–50 g frisch geriebener
Parmesan
10 g Butter für die Form

***Zubereitungszeit:***
*15–20 Minuten*
***Gar- und Backzeit:***
*50 Minuten*

POLENTAAUFLAUF
3–4 getrocknete, in Öl
eingelegte Tomaten
2 Zweige frischer Salbei
180 g Maisgrieß (Polenta)
Salz
1 EL Olivenöl
2 Eier
3 EL Crème fraîche
frisch gemahlener
weißer Pfeffer
1 EL Butter
5 EL geriebener
Emmentaler

***Zubereitungszeit:***
*10–12 Minuten*
***Gar- und Backzeit:***
*50 Minuten*

GRATINIERTE BATATEN (oben)
Die Bataten waschen und in der Schale in etwa 35 Minuten kochen, pellen und in Scheiben schneiden.
Währenddessen die Sauce herstellen. Die Zitronenmelisse waschen, trockentupfen, die Blättchen von den Stielen zupfen und hacken. Nach Belieben einige Blättchen für die Garnitur zurückbehalten. Die Butter erhitzen, das Mehl einstreuen und goldgelb schwitzen lassen. Die Milch erhitzen und unter ständigem Rühren mit dem Schneebesen nach und nach zugeben. Mit Salz und Pfeffer würzen. Einige Minuten köcheln lassen und vom Herd nehmen.
Die Eier trennen. Das Eiweiß steif schlagen. Eigelb, Parmesan und Zitronenmelisse in die Sauce rühren. Das Eiweiß unterschlagen. Den Backofen auf 220 °C vorheizen. Eine Auflaufform mit Butter ausstreichen. Die Bataten dachziegelartig einschichten.
Mit der Sauce übergießen. Im vorgeheizten Backofen in etwa 15 Minuten überbacken oder für 6 bis 8 Minuten unter den Grill stellen.
Mit frischem grünem Salat ist dies ein vollwertiges Essen oder eine ungewöhnliche Beilage zu Lamm.

POLENTAAUFLAUF (unten)
Die Tomaten abtropfen lassen und kleinschneiden. Den Salbei waschen, trockentupfen, die Blättchen von den Stielen zupfen und hacken. Den Maisgrieß unter Rühren in 1 Liter kaltes Wasser rieseln lassen. Salz und Öl hinzufügen und 10 bis 12 Minuten köcheln, anschließend noch etwas quellen lassen. Eier, Crème fraîche, Tomaten und Salbei unterrühren, mit Salz und Pfeffer würzen. Den Backofen auf 200 °C vorheizen. Eine Auflaufform mit Butter ausstreichen und die Masse etwa 2½ cm hoch einfüllen. Mit dem Käse bestreuen und 35 Minuten im vorgeheizten Backofen backen. Mit einem Blattsalat servieren. Eine Getränkeempfehlung hierzu erübrigt sich beinahe. Es schmeckt Cidre oder Apfelwein, Mineralwasser oder Saftschorle, ein guter Landwein oder auch ein nicht zu herbes Bier zu diesem mediterranen Gericht.

# Kartoffel-Gnocchi mit Salbei

650 g Kartoffeln
Salz
80 g Butter
knapp 50 g Kartoffelmehl, auch für die Hände zum Formen der Gnocchi
100 g Mehl
20 g feiner Grieß
2 Eigelb
abgeriebene Muskatnuß
2–3 Zweige Salbei, möglichst kleine Blättchen

***Zubereitungszeit:***
*25 Minuten ohne Ruhezeit*
***Garzeit:** etwa 3 Minuten*

Die Kartoffeln waschen, schälen, vierteln und in Salzwasser etwa 20 Minuten gar kochen.
Abgießen und noch warm durch die Kartoffelpresse drücken.
30 g Butter, 30 g Kartoffelmehl, Mehl und Grieß zufügen. Eigelb hineinrühren, mit Salz und Muskatnuß würzen und zu einem Teig verarbeiten. 30 Minuten ruhen lassen.
Danach daumenstarke Rollen formen. Bei Bedarf die Hände mit Kartoffelmehl bestreuen. Mit einem Messer etwa 1½ cm große Stücke von der Rolle abschneiden und in siedendes Salzwasser geben. Sobald sie an die Oberfläche gestiegen sind, noch 2 Minuten ziehen lassen. Gnocchi mit einem Schaumlöffel herausnehmen und warm halten.
Den Salbei waschen, trockentupfen und die Blättchen von den Stielen zupfen. Etwa 50 g Butter erhitzen, die Blättchen kurz darin schwenken, salzen und alles über die Gnocchi gießen.
Sofort servieren!

**Variante:**
Sollten Gnocchi übrig sein, dann bilden sie die Grundlage für ein schmackhaftes vegetarisches Gericht. Dazu wird eine Auflaufform mit Butter ausgestrichen. Die Gnocchi hineingeben und mit geriebenem Käse bestreuen. Kurz unter den heißen Grill stellen, bis sich eine goldgelbe Kruste bildet. Mit einem üppigen Salat dazu ein wahrer Genuß!

*Vom Salbei, einer der ältesten Heil- und Gewürzpflanzen, gibt es viele Arten: einmal den Echten Salbei – Salvia officinalis, den eher bitteren Griechischen Salbei – Salvia triloba, der vorwiegend getrocknet zu Tee aufgegossen wird, und als Favorit in der Küche den Dalmatinischen Salbei – Salvia officinalis ssp. major, dessen große Blätter süßlich angenehm nach „Salbei“ schmecken.*
*Das Aroma der filzig-behaarten Salbeiblätter ist so kräftig, daß man sie generell besser sparsam dosiert, getrocknet noch sparsamer als frisch. Es spielt auch eine Rolle, in welche Gerichte sie gelangen: so beispielsweise in Fisch, Geflügel, Fleisch oder Wild, aber auch zu Nudeln, wie hier zu Gnocchi und zu Käse. Mit ein wenig Probieren wird man bald die jeweils erwünschte Geschmacksnote erzielen.*

# Fenchelgratin Dillkartoffeln

FENCHELGRATIN
6 zarte Fenchelknollen, etwa 800 g
35 g Butter
15 g Mehl
⅜ Liter Milch
Salz, weißer Pfeffer
½ TL gemahlener Anis
2 Eier
1–2 EL Crème fraîche
50 g geriebener Emmentaler

***Zubereitungszeit:***
*10 Minuten*
***Garzeit:** 50 Minuten*

DILLKARTOFFELN
8 festkochende Kartoffeln
2 Schalotten
1 Knoblauchzehe
1 Bund Dill
200 ml süße Sahne
Salz, weißer Pfeffer
1 EL Tomatenmark

***Zubereitungszeit:***
*12 Minuten*
***Garzeit:** 40 Minuten*

FENCHELGRATIN (oben)
Den Fenchel waschen, putzen und trockentupfen. Das zarte Grün hacken und aufheben. Sollten die Fenchelknollen dick sein, müssen sie halbiert oder geviertelt werden. 5 Minuten in kochendem Wasser blanchieren. 25 g Butter in einem Topf erhitzen, das Mehl einstreuen und einige Minuten durchschwitzen lassen, bis es goldgelb ist. Die Milch unter Rühren nach und nach zugießen, 5 Minuten durchkochen lassen. Mit Salz, Pfeffer und Anis gut würzen und vom Herd nehmen. Eier, Crème fraîche und Käse verrühren, in die Sauce geben. Den Backofen auf 190 °C vorheizen. Eine Auflaufform mit der restlichen Butter ausstreichen. Die Fenchelknollen hineinlegen, mit der Sauce übergießen und im vorgeheizten Backofen etwa 45 Minuten gratinieren. Zwischendurch kontrollieren: Sollte das Gratin zu schnell dunkel werden, kann man es für die restliche Garzeit mit Alufolie abdecken.

DILLKARTOFFELN (unten)
Die Kartoffeln waschen und in der Schale in etwa 40 Minuten gar kochen. Nach dem Auskühlen pellen und in Scheiben schneiden. Die Schalotten und die Knoblauchzehe abziehen. Die Schalotten fein würfeln und den Knoblauch zerdrücken oder sehr fein schneiden. Den Dill waschen, trockentupfen und hacken. Die Sahne steif schlagen und Salz, Pfeffer, Tomatenmark, Knoblauch, Zwiebeln und Dill zufügen. Mit den Kartoffeln mischen. Etwa 1 Stunde durchziehen lassen.
Die kühlen Dillkartoffeln sind eine ausgezeichnete Ergänzung zu geräuchertem Forellenfilet oder gebratenem Fisch.

*Die Aromen von Anis- und Fenchelsamen ähneln sich, besonders wenn man den in Frankreich, Italien und Griechenland gerne angebauten, etwas süßeren Fenchel in den Vergleich einbezieht. Aus diesem Grund finden sich Anis und Fenchel oft in ähnlichen Gerichten wieder, so in manchem Brot und Gebäck.*

# Steinpilz-Risotto
# Spaghetti und Steinpilze

STEINPILZ-RISOTTO
3–5 g Trocken-Steinpilze
1 Zwiebel
1 Knoblauchzehe
250 g frische Steinpilze
3–4 Zweige frischer Majoran
2 EL Olivenöl, 1 EL Butter
300 g Risotto-Reis, Vialone, Arborio oder Razza
1 Glas Weißwein
ca. 1 Liter Geflügelbrühe
Salz, schwarzer Pfeffer

***Zubereitungszeit:***
*20–25 Minuten*
***Garzeit:** 25–30 Minuten*

***Tip:***
*Ganze Majoranzweige lassen sich gut einfrieren.*

SPAGHETTI UND STEINPILZE
1 Zwiebel
1 Knoblauchzehe
150 g durchwachsener geräucherter Bauchspeck
1 Bund glattblättrige Petersilie
300 g frische Steinpilze
1 EL Öl, 1 EL Butter
50 ml Gemüsebrühe
150 g Kräuter-Crème-fraîche
⅛ Liter süße Sahne
Salz, schwarzer Pfeffer
400 g Spaghetti

***Zubereitungszeit:***
*15–20 Minuten*
***Garzeit:** 13–14 Minuten*

STEINPILZ-RISOTTO (oben)
Die getrockneten Steinpilze mit 50 ml warmem Wasser bedecken. Die Zwiebel und die Knoblauchzehe abziehen. Die Zwiebel fein würfeln, den Knoblauch zerdrücken oder sehr fein schneiden. Die frischen Pilze putzen und in mundgerechte Stücke schneiden. Den Majoran waschen, trockentupfen, die Blättchen von den Stielen zupfen, einige für die Garnitur zurückbehalten, die anderen hacken.
Das Öl in einem weiten Topf erhitzen und die Butter zugeben. Die Zwiebel darin in 4 bis 5 Minuten andünsten. Den Reis zufügen und glasig schwitzen. Den Wein und anschließend etwas Brühe angießen. Bei mäßiger Temperatur und häufigem Rühren garen lassen.
Immer wenn die Flüssigkeit verkocht ist, Brühe anschütten. Die eingeweichten Pilze gegebenfalls noch etwas zerkleinern und zum Risotto geben, mit Salz und Pfeffer würzen.
Nach 15 Minuten Garzeit die frischen Steinpilze zufügen. Der Risotto sollte breiig sein, die Körner müssen aber noch Biß haben. Die Garzeit beträgt je nach Reissorte 20 bis 25 Minuten.
Zum Schluß den gehackten Majoran unterziehen, nochmals abschmecken, mit Majoranblättchen garniert servieren.

SPAGHETTI UND STEINPILZE (unten)
Die Zwiebel und die Knoblauchzehe abziehen. Die Zwiebel hacken, den Knoblauch zerdrücken oder sehr fein schneiden. Den Bauchspeck in kleine Würfel schneiden. Die Petersilie waschen, trockentupfen, die Blättchen von den Stielen zupfen und hacken.
Die Pilze putzen und in mundgerechte Stücke schneiden. Das Öl in einem weiten Topf erhitzen, die Butter und den Bauchspeck zufügen und kurz leicht anbraten. Zuerst die Zwiebel, dann den Knoblauch und die Pilze hinzugeben und unter Rühren 8 Minuten garen. Brühe, Kräuter-Crème-fraîche und Sahne zufügen. Weitere 3 Minuten unter Rühren köcheln lassen. Mit Salz und Pfeffer würzen und die Petersilie unterrühren.
Die Spaghetti in reichlich Salzwasser kochen, abgießen, auftragen und die Steinpilzcreme darüber gießen.

# Ostindisches Chutney Puy-Linsen

OSTINDISCHES CHUTNEY
200 g Zwiebeln
2–3 Knoblauchzehen
500 g Kürbis
400 g Äpfel
300 g Aprikosen
1 kleine rote Chilischote
1 Stück frischer Ingwer von etwa 5 cm
350 g brauner Zucker
Salz
½ TL Nelkenpulver
½ TL gemahlener Kardamom
1 Zimtstange
2 Msp. Kreuzkümmel
1 TL Paprikapulver, edelsüß
¼ Liter Apfelessig

***Zubereitungszeit:***
*20–25 Minuten*
***Garzeit:*** *90 Minuten*

PUY-LINSEN
200–250 g Puy-Linsen
1 Knoblauchzehe
1 Lorbeerblatt
Salz, schwarzer Pfeffer
etwa 2 EL Balsamessig
2 Zweige Kerbel

***Zubereitungszeit:***
*3–4 Minuten ohne Einweichzeit*
***Garzeit:*** *25–30 Minuten*

OSTINDISCHES CHUTNEY (oben)
Die Zwiebeln und die Knoblauchzehen abziehen. Die Zwiebeln fein würfeln, den Knoblauch zerdrücken oder sehr fein schneiden. Den Kürbis schälen, Kerne und Fasern entfernen. Das Fruchtfleisch in Stücke schneiden. Die Äpfel schälen. Die gewaschenen Aprikosen entsteinen und beides würfeln. Die Chilischote entkernen, die Zwischenwände entfernen und in winzige Stücke schneiden. Den Ingwer schälen und hacken. Alle bisher erwähnten Zutaten in einen Topf geben, Zucker und die anderen Gewürze zufügen und 5 Minuten unter Rühren erhitzen. Mit dem Essig begießen. Bei mäßiger Temperatur etwa 1½ Stunden köcheln lassen, bis das Chutney dick eingekocht ist, dabei öfters umrühren. Die Zimtstange entfernen. Das Chutney entweder sofort in Gläser füllen, mit Zellophan verschließen und aufbewahren – es hält mehrere Wochen – oder erkalten lassen und frisch zu Geflügel, Fleisch oder Wild reichen. Auch zum Fondue ist dies eine beliebte Beilage.

PUY-LINSEN (unten)
Die Linsen über Nacht einweichen. Am nächsten Tag abspülen und mit gut ½ Liter Wasser erneut aufsetzen. Die Knoblauchzehe abziehen und mit dem Lorbeerblatt zu den Linsen geben. Zugedeckt bei mäßiger Temperatur etwa 25 bis 30 Minuten köcheln lassen, je nach Alter der Linsen. Mit Salz, Pfeffer und Balsamessig würzen. Kerbelzweige waschen, trockentupfen, die Blättchen abzupfen und über die Linsen geben.
Die Linsen sind eine geeignete Beilage zu Wildgerichten.

# Gewürzgurken
# Senfgurken

GEWÜRZGURKEN
3 kg Einlegegurken mittlerer Größe
3 EL Salz

3 Zwiebeln
1 EL Fenchelsamen
6–8 Pimentkörner
1 EL weiße Pfefferkörner
1–2 Bund Dill
einige Dillkronen (Dolden)
gut 1 Liter Weißweinessig
1 EL Salz
200 g Zucker
1 Päckchen Einmachhilfe für Gurken

***Zubereitungszeit:***
*1 Stunde 15 Minuten ohne Zeit zum Ziehen*

SENFGURKEN
2 Salatgurken
½ kleine rote Paprikaschote
¼ Liter Weißweinessig
350 g Zucker
1 EL Salz
8 schwarze Pfefferkörner
2 Lorbeerblätter
2–3 EL Senfkörner

***Zubereitungszeit:***
*15 Minuten (ohne Ruhezeit)*
***Garzeit:*** *25 Minuten*

GEWÜRZGURKEN (links)
Die Gurken gründlich waschen, bürsten und mit einer Nadel mehrfach einstechen. Mit dem Salz bestreuen und mit so viel Wasser begießen, daß sie bedeckt sind. 24 Stunden liegen lassen. Die Gurken mit frischem Wasser abspülen und darauf achten, daß alle Gurken von bester Qualität sind und keine schadhaften Stellen aufweisen. Die Gurken abtrocknen. Die Zwiebeln abziehen und in Scheiben schneiden. Gurken, Zwiebeln und Gewürze in vorbereitete Steinguttöpfe oder Gläser füllen. 2 Liter Wasser mit Weinessig, Salz, Zucker und Einmachhilfe aufkochen, heiß über die Gurken gießen. Mit Einmachhaut verschließen und kühl und dunkel aufbewahren. Gut 4 Wochen bis zum Verbrauch stehen lassen.

SENFGURKEN (rechts)
Die Gurken schälen, längs durchschneiden, die Kerne entfernen und in 3 cm dicke Stücke schneiden. Die Paprikaschote waschen, vierteln, entkernen, von den Zwischenrippen befreien, die Stücke sehr klein schneiden. Essig mit Zucker, Salz und ½ Liter Wasser in einen Topf gießen. Die Gewürze zufügen. Die Gurken hineingeben und 4 bis 5 Minuten kochen lassen. Die Gurken mit einem Schaumlöffel herausnehmen und in einen Steintopf oder ein Einmachglas geben. Den Sud einkochen lassen. Abgekühlt über die Gurken gießen und kühl stellen. Nach 3 bis 4 Tagen die Brühe nochmals aufkochen und einkochen lassen. Erneut über die Gurken gießen. Mit Pergamentpapier verschließen. Kühl und dunkel lagern. 3 bis 4 Wochen durchziehen lassen.

*Eingelegte Gurken schmecken immer – pur oder zu kaltem Braten, zu Aufschnitt, zu Frikadellen und als Salatzutat. Wichtig sind auch die Würzzutaten, so beispielsweise die Fenchelsamen: Sie verbreiten ein Aroma, das an Anis erinnert. In Italien wird Fenchel vielseitiger eingesetzt als in Deutschland: zu Schweinefleisch, zu Marinaden für Wildschwein, zu Brot und Salzgebäck. Der grüne Samen findet sich bei der Zubereitung von Schnecken, in der Toskana würzt Fenchelsamen eine spezielle Salami Finocchiona. – Und dann gibt es ja noch den Gemüsefenchel, gekocht oder roh und in schmale Streifen geschnitten eine wichtige Zutat für charaktervolle Salate.*

# Grüne Sauce
# Grüne Mayonnaise

GRÜNE SAUCE
3 Eier
je ½ Bund Petersilie, Kerbel, Borretsch, Dill, Basilikum, Pimpinelle, Estragon
1 Schalotte
200 g saure Sahne
100 ml süße Sahne
4–5 EL Mayonnaise
Salz, weißer Pfeffer
1 Msp. Senf

***Zubereitungszeit:***
*15 Minuten*
***Garzeit:** 10 Minuten*

GRÜNE MAYONNAISE
½ unbehandelte Limette
30 g Brunnenkresse
1 reife Avocado
1 Knoblauchzehe
1 EL Weißweinessig
Salz, schwarzer Pfeffer
1 frisches Eigelb
100 ml Olivenöl

***Zubereitungszeit:***
*8 Minuten*

GRÜNE SAUCE (unten)
Die Eier in 10 Minuten hart kochen, abschrecken und pellen. Die Kräuter waschen, trockentupfen und die Blättchen von den Stielen zupfen, einige für die Garnitur zurückbehalten. Die Schalotte abziehen und zusammen mit den Kräutern, der sauren und süßen Sahne sowie 2 Eiern im Mixer pürieren. Die Mayonnaise unterrühren, mit Salz, Pfeffer und Senf würzen. Das restliche Ei hacken und die grüne Sauce damit garnieren, ebenso mit den zurückbehaltenen Kräutern.

GRÜNE MAYONNAISE (oben)
Etwas Schale der Limette abreiben. Den Saft auspressen. Die Brunnenkresse von groben Stielen befreien. Die Avocado schälen und den Kern entfernen. Die Knoblauchzehe abziehen. Alles bis auf das Olivenöl in den Mixer geben und pürieren. Tropfenweise das Öl hineingeben, dabei den Motor auf kleinster Stufe weiterlaufen lassen.
Diese Mayonnaise paßt ausgezeichnet zu im Dampf gegarten Fisch oder auf einem Buffet zu kaltem Geflügel oder Eiern.

*Denkbar wäre bei der Grünen Sauce, zusätzlich zu den vielen grünen Blättern und den weiß-gelben Eiwürfeln einmal einige Borretsch-Blüten als Farbtupfer auf das Gericht zu setzen. Denn sie sehen wirklich hübsch aus.*

# Teufelsremoulade

6 schwarze Pfefferkörner
6 Wacholderbeeren
gut ¼ Liter Weißweinessig
1 kleines Glas Remoulade, etwa 150–200 ml, Fertigprodukt
1–2 TL Senf
3–5 Msp. Cayennepfeffer
Salz
½ TL Zucker

***Zubereitungszeit:***
*3 Minuten*
***Garzeit:** 10 Minuten*

Grundrezept Remoulade
1–2 Zweige Kerbel
1–2 Zweige Estragon
1 EL Kapern
1 eingelegte Pfeffergurke
125 g Mayonnaise
etwa 1 TL Senf

***Zubereitungszeit:***
*10–12 Minuten*

Die Pfefferkörner und Wacholderbeeren zerdrücken. Zusammen mit dem Essig in einen Topf geben und stark einkochen lassen, so daß nur noch 1 bis 2 Eßlöffel übrigbleiben. Durch ein Sieb geben und mit der Remoulade verrühren. Mit Senf, Cayennepfeffer, wenig Salz und Zucker abschmecken.

**Grundrezept**
Wer möchte, stellt die Remoulade leicht selbst her: Kerbel und Estragon waschen, trockentupfen, die Blättchen von den Stielen zupfen und hacken. Die Kapern ebenfalls hacken. Die Pfeffergurke in kleine Würfel schneiden. Alles unter die Mayonnaise rühren und mit Senf abschmecken.

*Kapern, die kleinen Blütenknospen des am Mittelmeer verbreiteten dornigen Strauches, reifen – so man sie läßt – nach der Blüte zu den Kapernfrüchten, französisch cornichons de caprier, italienisch capperone, spanisch alcaparrón, heran. Uns interessieren hier mehr die in der Küche gebräuchlicheren Kapern, die olivfarbenen bis dunkelgrünen würzigen Knospen. Ihr Aroma kommt erst voll zur Geltung, wenn sie eingesalzen werden. Im Handel werden sie nach Größe sortiert angeboten, die kleinen sind die feineren. Gute Kapern fühlen sich fest an. Da sie beim Kochen ihr Aroma verlieren, werden sie warmen Gerichten erst zum Schluß zugefügt.*

# Steinpilz-Tomaten-Sauce
# Kräuter-Käse-Sauce

STEINPILZ-TOMATEN-SAUCE
3–5 g Trocken-Steinpilze
1 Zwiebel
100 g luftgetrockneter durchwachsener Schinken
1 große Dose (800 g) geschälte italienische Tomaten
2 EL Olivenöl
15 g Butter
Salz, schwarzer Pfeffer
2 Msp. Zimt
2 Msp. gemahlene Nelken
100 ml milder Rotwein

***Zubereitungszeit:***
*12–15 Minuten ohne Einweichen*
***Garzeit:** 30 Minuten*

KRÄUTER-KÄSE-SAUCE
1 Zweig Salbei
½–1 Bund glattblättrige Petersilie
2 EL Butter
1½–2 EL Mehl
gut ¼ Liter Gemüse- oder Hühnerbrühe
⅛ Liter süße Sahne
gut 125 g Kräuter-Crème-fraîche
60 g geriebener Emmentaler
Salz, schwarzer Pfeffer
1 Msp. abgeriebene Muskatnuß

***Zubereitungszeit:***
*6–8 Minuten*
***Garzeit:** 10 Minuten*

STEINPILZ-TOMATEN-SAUCE (oben)
Die Steinpilze mit ⅛ Liter heißem Wasser übergießen und mindestens 20 Minuten stehen lassen oder bei 360 Watt 2 Minuten in das Mikrowellengerät geben. Die Zwiebel abziehen und hacken. Den Schinken in kleine Würfel schneiden. Die Tomaten vom Blütenansatz befreien und wie die Pilze hacken. Das Olivenöl in einem weiten Topf erhitzen und die Butter zugeben. Die Zwiebel darin einige Minuten andünsten. Den Schinken hinzufügen und wieder einige Minuten unter Rühren garen lassen. Das Einweichwasser der Pilze aufheben. Die Tomaten samt Tomatenbrühe sowie die Pilze mit Einweichwasser dazugeben, salzen, pfeffern, mit Zimt und Nelken würzen und 20 Minuten köcheln lassen. Den Rotwein zugießen und noch einige Minuten garen lassen. Die Sauce sollte dickflüssig sein. Sie paßt gut zu Teigwaren, zum Beispiel zu Pennoni Giganti oder zu Rigatoni.

KRÄUTER-KÄSE-SAUCE (unten)
Die Kräuter waschen, trockentupfen, die Blättchen von den Stielen zupfen und hacken. Die Butter in einem weiten Topf erhitzen. Das Mehl hineinstreuen, goldgelb durchschwitzen lassen und unter Rühren nach und nach mit der Brühe und der Sahne ablöschen. 8 Minuten köcheln lassen. Kräuter-Crème-fraîche und Käse zufügen. Mit Salz, Pfeffer und Muskatnuß würzen. Nochmals kurz erhitzen und vom Herd nehmen. Die Kräuter unterrühren. Die Sauce schmeckt besonders gut zu Teigwaren, eignet sich aber auch zu Reis.

*Gewürznelken haben nichts mit der Blume gleichen Namens zu tun. Die getrockneten Blütenknospen des tropischen Nelkenbaums bekamen vielmehr im Mittelhochdeutschen den Namen negellin gleich Nägelchen – was ja wiederum genau zum Aussehen des Gewürzes paßt. Übrigens ist Zurückhaltung bei der Dosierung von Nelken angebracht: Der beißend scharfe, manchmal ins Bittere tendierende Geschmack des Gewürzes kann leicht zu kräftig werden und wird durch Kochen auch nur wenig gemildert.*

# Drei Saucen für Gourmets

GOURMET-DRESSING
2 Eier
½ grüne Chilischote, z.B. Chili jalapeño
½ Bund glattblättrige Petersilie
4 EL Mayonnaise
4 EL Naturjoghurt
1–2 EL Tomatenketchup
Salz, 2 Tropfen Chilisauce
1 EL Zitronensaft

***Zubereitungszeit:*** *10 Minuten*
***Garzeit:*** *10 Minuten*

SAUCE TARTARE
6–7 frische Kräuter wie Petersilie, Estragon, Kerbel, Basilikum, Schnittlauch und Pimpinelle
2–3 Cornichons
6–8 EL Mayonnaise
2 EL feine Kapern

***Zubereitungszeit:*** *10 Minuten*

SALSA MEXICANA
3–4 sonnengereifte Freilandtomaten
2 Zwiebeln
4–5 Chillies – Chili serrano
15–20 g Koriandergrün
gut 1 TL Salz
3 TL Limettensaft

***Zubereitungszeit:*** *18–20 Minuten*

GOURMET-DRESSING (links)
Die Eier in 10 Minuten hart kochen, abschrecken und nach dem Erkalten hacken. Die Chilischote aufschneiden, entkernen und in winzige Stücke schneiden. Die Petersilie waschen, trockentupfen, die Blättchen von den Stielen zupfen, einige zur Garnierung aufheben, die anderen hacken. Mayonnaise mit Joghurt und Tomatenketchup verrühren. Mit Salz, Chilisauce und Zitronensaft abschmecken. Eier, Chilischote und Petersilie unterrühren, mit Petersilieblättchen garnieren.
Das Dressing paßt zu Salaten, Garnelen oder kaltem Fisch.

SAUCE TARTARE (oben)
Die Kräuter waschen, trockentupfen, die Blättchen von den Stielen zupfen und hacken. Die Cornichons in sehr kleine Würfel schneiden. Alles zu der Mayonnaise geben. Die Kapern unterziehen.

SALSA MEXICANA (rechts)
Die Tomaten vom Stielansatz befreien und fein hacken. Die Zwiebeln abziehen und fein würfeln. Die Chillies aufschneiden, von Samen und Zwischenwänden befreien und hacken. Den Koriander waschen, trockentupfen, die Blättchen von den Stielen zupfen und hacken. Alles in ein Schälchen geben und mit Salz und Limettensaft würzen.
Diese Salsa sollte frisch sein, aber vor Gebrauch etwa ½ bis 1 Stunde durchziehen.

*Chillies, diese kleinen Paprikaschoten, können alle erdenklichen Speisen mit ihrem Geschmack bereichern, der von sanft fruchtig-pikant bis höllisch scharf reicht. Größere Sorten wie die mittelscharfen Poblano-Chillies lassen sich gut füllen und fritieren. Die Früchte aus etlichen anderen Chili-Familien, von den milden Bananen- und Anaheim-Chillies über die mittelscharf-pikanten Jalapeño-Chillies bis zu den brennendscharfen Serrano-Chillies, werden häufig eingelegt und ohne weitere Beilage serviert. Alle Sorten können natürlich in frischem, unreifem oder gereiftem Zustand zu sehr kleinen Stückchen geschnitten oder nach dem Trocknen zerstoßen und fein gemahlen werden – je nachdem, was sie würzen und in welcher Würzmischung, Paste oder Sauce sie ihre Rolle spielen sollen.*

# Zweimal Joghurt-Sauce Satay-Sauce

JOGHURT-SAUCE
Für 6–8 Personen
2 Knoblauchzehen
3 Stauden asiatischer Koriander
½ Salatgurke
300 g Naturjoghurt
Salz, schwarzer Pfeffer

***Zubereitungszeit:***
*10 Minuten*

INDISCHE JOGHURTSAUCE
½ unbehandelte Zitrone
1–2 Knoblauchzehen
3 Zweige Minze
½ kleine rote Chilischote
½ kleine grüne Chilischote
500 g Naturjoghurt
1 Msp. Kreuzkümmel
1 Msp. Paprikapulver
½ TL Curry, Salz

***Zubereitungszeit:***
*10 Minuten*

SATAY-SAUCE
100 g Erdnüsse, 1 Zwiebel
2–3 Knoblauchzehen
je 1 TL gemahlener Kreuzkümmel und Koriander
1½ TL Kurkuma
4 EL Kokosnußmilch
2–2½ EL helle Sojasauce
1 TL Zucker

***Zubereitungszeit:***
*12 Minuten*
***Garzeit:** 12 Minuten*

JOGHURT-SAUCE (oben rechts)
Die Knoblauchzehen abziehen und zerdrücken. Den Koriander waschen, trockentupfen, die Blättchen von den Stielen zupfen und hacken. Die Gurke schälen, entkernen und das Fruchtfleisch in kleine Stücke schneiden. Joghurt mit allen Zutaten vermischen. Mit Salz und Pfeffer würzen. Gut gekühlt servieren.

INDISCHE JOGHURTSAUCE (oben links)
Etwas Schale der Zitrone abreiben und den Saft auspressen. Die Knoblauchzehen abziehen und zerdrücken oder sehr fein schneiden. Die Minze waschen, trockentupfen, die Blättchen von den Stielen zupfen und hacken. Die Chilischoten entkernen und kleinhacken. Den Joghurt mit Zitronenschale und -saft sowie Knoblauch verrühren. Mit Kreuzkümmel, Paprikapulver, Curry und Salz abschmecken. Minzblättchen und Chilischoten unterrühren. Gut gekühlt servieren.

SATAY-SAUCE (unten)
Die Erdnüsse in eine trockene Pfanne geben und unter Rühren leicht rösten, auf keinen Fall anbrennen lassen! Die Zwiebel und die Knoblauchzehen abziehen und grob zerteilen. Alle Zutaten in den Mixer füllen und pürieren. Mit gut ¼ Liter Wasser in einen Topf geben und 6 bis 8 Minuten unter Rühren köcheln lassen. Vom Herd nehmen und als Dip servieren.
Diese Sauce eignet sich auch, um Fleisch darin zu marinieren.

*Hier haben wir uns nicht festgelegt, welche Sorten Chili sich für die Indische Joghurtsauce am besten eignen. Es kommen auch viele in Frage: Wer es besonders scharf und feurig mag, nimmt Thai-Chillies oder andere asiatische kleine Sorten. Im mittleren Bereich liegen beispielsweise die Jalapeño- und Poblano-Chillies oder die spanische Sorte Guindilla. Mild-fruchtig schmecken die spanische Sorte Nyora und die Sorte Ancho, sogar reichlich süß die spanische Sorte Choricero. – Probieren Sie einfach selbst, was Sie mögen. Und Vorsicht beim Verarbeiten insbesondere der schärferen Vertreter: Gummihandschuhe sind von Vorteil, und Küchengerät, das mit dem Wirkstoff Capsaicin in Berührung kam, sollte gründlich abgespült werden.*

# Tomatensauce und Windermeresauce

TOMATENSAUCE
1 Zwiebel
1 Knoblauchzehe
1 Karotte
1 Stück Sellerieknolle
1 kg Tomaten (ersatzweise 1 große Dose geschälte italienische Tomaten)
3 EL Olivenöl
2 EL Tomatenmark
Salz, schwarzer Pfeffer
je ¼ TL getrocknete Kräuter wie Thymian, Majoran, Basilikum, Oregano

***Zubereitungszeit:***
*15–20 Minuten*
***Garzeit:** 30 Minuten*

WINDERMERESAUCE
½ Rezept Tomatensauce
200 g frische Champignons
25 g Butter
3 Zweige Estragon

***Zubereitungszeit:***
*18–20 Minuten*
***Garzeit:** 40 Minuten*

TOMATENSAUCE (oben)
Die Zwiebel und die Knoblauchzehe abziehen. Die Zwiebel grob würfeln, den Knoblauch zerdrücken oder sehr fein schneiden. Die Karotte putzen und wie den geschälten Sellerie in Stücke schneiden. Die Tomaten überbrühen, häuten und hacken. Dosentomaten vom Blütenansatz befreien. Das Öl in einem weiten Topf erhitzen. Die Zwiebel darin andünsten. Karotte, Sellerie und Knoblauch nacheinander zufügen und weiter dünsten. Die Tomaten und das Tomatenmark hineingeben, mit Salz, Pfeffer und den Kräutern würzen. Etwa ½ Stunde bei mäßiger Temperatur köcheln lassen. Zum Schluß pürieren, am besten mit dem Schneidstab.

WINDERMERESAUCE (unten)
Für die Windermeresauce mit der Hälfte der angegebenen Zutaten die Tomatensauce zubereiten. Die Champignons putzen und in Scheiben schneiden. Die Butter in einem Topf erhitzen und die Champignons darin in etwa 10 Minuten weich dünsten. Mit der Tomatensauce vermischen. Eventuell mit Salz und Pfeffer nachwürzen. Den Estragon waschen, trockentupfen, die Blättchen von den Stielen zupfen – einige zum Garnieren zurückbehalten – und unter die Sauce rühren. Mit den Blättchen garniert auftragen.
Diese Sauce paßt ausgezeichnet zu Gebratenem – in erster Linie zu Fleisch. Ebenso aber auch zu (restlichen) Semmel- oder Kartoffelknödeln, die in Scheiben geschnitten und mit Ei überzogen in der Pfanne langsam eine leckere, knusprige Kruste bekommen haben.

*Wenn nach mehrmaligem gutem Essen – Möglichkeiten wurden ja genug genannt – doch noch etwas übrig sein sollte: Frisch zubereitet, hält sich restliche Tomatensauce 3 Tage im Kühlschrank. Sie schmeckt gut zu Spaghetti und anderen Nudelsorten. Da sie dickflüssig ist, kann man aber auch eine Pizza damit bestreichen, bevor diese mit weiteren Zutaten belegt wird.*

*Wir sind wieder überwiegend am Mittelmeer – zumindest in Gedanken. Doch wen wundert das – angesichts der überreichen Küchengeschichte, der von Natur aus günstigen Bedingungen für Kräuter aller Art!? Die Gerichte dort werden von meisterhaft gewählten, geschmacks- und gesundheitsfördernden Kräutern geprägt, von Basilikum, Rosmarin und Salbei, um nur einige wenige zu nennen: vorsichtig und nicht zu üppig zu verwenden, um den Eigengeschmack nicht zu überdecken, sondern zu betonen.*

# Fisch, Fleisch, Geflügel und Wild

# Wolfsbarsch in Chablis
# Ragout von Zander

WOLFSBARSCH IN CHABLIS
2 vorbereitete Wolfsbarsche von je etwa 500 g
Salz
3 Tomaten
1–2 kleine Zucchini
250 g Champignons
1 Schalotte
1 EL Butter
Salz
frisch gemahlener weißer Pfeffer
2 möglichst frische Lorbeerblätter, sonst nur 1 getrocknetes
5 Zweige Zitronenthymian
gut ¼ Liter Chablis

***Zubereitungszeit:***
*15–18 Minuten*
***Garzeit:** 30 Minuten*

RAGOUT VON ZANDER
2 Karotten
4 Selleriestangen
500 g Zanderfilet
Saft von 1/2 Zitrone
Salz
1½ EL Sonnenblumenöl
1½ EL Butter
1 EL Mehl
¼ Liter trockener Weißwein
frisch gemahlener weißer Pfeffer
½ TL gemahlener Anis

***Zubereitungszeit:***
*20–22 Minuten*
***Garzeit:** 15 Minuten*

WOLFSBARSCH IN CHABLIS (oben)
Die Fische waschen, trockentupfen und salzen. Tomaten, Zucchini und Champignons waschen, putzen, Stielansatz der Tomaten entfernen. Alle drei Zutaten in sehr dünne Scheiben schneiden. Die Schalotte abziehen und fein hacken. Eine große feuerfeste Auflaufform mit Butter ausstreichen. Die Fische hineinlegen. Das Gemüse ringsherum verteilen. Mit Salz und Pfeffer würzen. Den Backofen auf 200 °C vorheizen. Lorbeerblätter und Zitronenthymian auf die Fische legen. Mit dem Chablis begießen und mit Alufolie abdecken. Im vorgeheizten Backofen in etwa 30 Minuten garen. In der Form mit kleinen neuen Kartoffeln servieren.

RAGOUT VON ZANDER (unten)
Das Gemüse waschen und trockentupfen. Die Karotten putzen und wie die Selleriestangen in dünne Scheiben schneiden. Das Zanderfilet waschen, in Stücke von etwa 4 bis 5 cm schneiden, mit Zitronensaft beträufeln und salzen. Das Öl erhitzen und die Butter zufügen. Das Gemüse hineingeben und bei mäßiger Temperatur 5 bis 6 Minuten dünsten. Das Zanderfilet zufügen und weitere 2 Minuten dünsten. Mit Mehl bestreuen, kurz durchschwitzen lassen und mit dem Wein ablöschen. Mit Salz, Pfeffer und Anis würzen. Zugedeckt noch 6 bis 8 Minuten köcheln lassen. Abschmecken und mit Salzkartoffeln oder Reis servieren.

# Gegrillter Hering
# Heringsgratin

GEGRILLTER HERING
Für die Kapern-Joghurtsauce:
2 EL Mayonnaise
2 EL süße Sahne
250 g cremiger Naturjoghurt
Salz, schwarzer Pfeffer
2 EL Kapern

120 g Brunnenkresse
4 Tomaten
4 doppelte Heringsfilets
Salz
frisch gemahlener schwarzer Pfeffer
3–4 TL Olivenöl

***Zubereitungszeit:***
*15–20 Minuten*
***Garzeit:** 7–8 Minuten*

HERINGSGRATIN
4 Heringe
4 Kartoffeln
1 Zwiebel
2 Gewürzgurken
1 Bund Petersilie
200 g Crème fraîche
150 ml Milch
3 Eier
Salz
frisch gemahlener weißer Pfeffer
1 EL Butter für die Form
3–4 TL Kapern

***Zubereitungszeit:***
*20–25 Minuten*
***Backzeit:** 50 Minuten*

GEGRILLTER HERING (links)
Für die Kapern-Joghurtsauce alle Zutaten miteinander verrühren und gut abschmecken.
Die Brunnenkresse waschen, trockentupfen, grobe Stiele entfernen und dekorativ auf Tellern anrichten. Die Sauce darübergeben oder extra dazu stellen.
Die Tomaten waschen, den Stielansatz entfernen, die Früchte achteln und dazulegen.
Den Grill vorheizen. Die Heringsfilets salzen, pfeffern und auf ein gefettetes Stück Alufolie auf den Grillrost legen. Mit etwas Olivenöl bestreichen und 7 bis 8 Minuten unter den vorgeheizten Grill geben. Mit der Brunnenkresse servieren.

HERINGSGRATIN (rechts)
Die Heringe filetieren oder dies schon vom Fischhändler erledigen lassen. Die Kartoffeln waschen, schälen und mit dem Gurkenhobel raspeln. Die Zwiebel halbieren und in sehr dünne Halbringe schneiden. Die Gewürzgurken in Scheiben schneiden.
Die Petersilie waschen, trockentupfen, die Blättchen von den Stielen zupfen und hacken.
Crème fraîche mit Milch und Eiern verrühren, salzen und pfeffern.
Den Backofen auf 190 °C vorheizen. Eine Auflaufform mit Butter ausstreichen. Heringsfilets und Kartoffeln einschichten. Zwiebel, Gewürzgurken, Petersilie und Kapern darauf verteilen und mit der Eiermilch begießen. Im vorgeheizten Backofen in etwa 50 Minuten backen.

*Hier hat der Spruch „Fisch will schwimmen" einmal seine volle Berechtigung. Beide Gerichte könnten, da sie dank Kapern und Pfeffer recht pikant ausfallen, kräftigen Durst verursachen. Deshalb lautet unsere Getränkeempfehlung: Bier – ganz nach Ihrer Wahl, was Sorte, Stärke und Alkoholgehalt angeht.*

# Gemischte Meeresfrüchte

1 große Gemüsezwiebel
1–2 Knoblauchzehen
5 Tomaten, ersatzweise
1 große Dose geschälte italienische Tomaten
1 Stück Zitronengras von etwa 4 cm
3 EL Olivenöl
600 g vorbereitete gemischte Meeresfrüchte wie Tintenfische, Garnelen, Herz- und Venusmuscheln, ersatzweise Tiefkühlware
nach Belieben ⅛ Liter trockener Weißwein
2 EL Tomatenmark
Salz
frisch gemahlener schwarzer Pfeffer
2 Msp. Cayennepfeffer
1 Bund Dill

***Zubereitungszeit:***
*12 Minuten*
***Garzeit:** 13–25 Minuten*

Die Zwiebel und die Knoblauchzehen abziehen. Die Zwiebel hacken, den Knoblauch zerdrücken oder sehr fein schneiden. Die Tomaten überbrühen, häuten und hacken. Das Zitronengras in dünne Ringe schneiden. Das Öl in einem weiten Topf erhitzen. Die Zwiebel zufügen und andünsten. Die Meeresfrüchte, den Knoblauch und das Zitronengras zufügen, einige Minuten dünsten. Dann die Tomaten, nach Belieben den Weißwein und das Tomatenmark hinzugeben. Mit Salz, schwarzem Pfeffer und Cayennepfeffer abschmecken. Frische Meeresfrüchte benötigen etwa 20 Minuten, tiefgekühlte Meeresfrüchte 8 bis 10 Minuten Garzeit. Die Muscheln werden erst ganz zum Schluß zugefügt. Den Dill waschen, trockentupfen und hacken, über das fertige Gericht streuen. Stangenweißbrot dazu servieren – und den gleichen guten Wein, der zuvor zum Kochen genommen wurde.

*Aus den würzenden Zutaten in diesem Gericht sei einmal der Cayennepfeffer herausgegriffen – im Vergleich zum „normalen" Pfeffer. Botanisch hat die Ausgangsfrucht für den Cayennepfeffer nichts mit den Früchten der kletternden Rankenpflanze Piper nigrum aus der Familie Pfeffergewächse zu tun, die überall dort angebaut wird, wo der Pfeffer eben besonders gut wächst: in Indien, Indonesien-Sumatra, Malaysia-Sawarak, Thailand, Brasilien und Madagaskar, um gleich die wichtigsten Produzenten zu nennen.*
*Und was ist Cayennepfeffer? Eine Mischung verschieden scharfer Chilischoten, zu besonders feinem Pulver gemahlen, daher auch die leuchtend orange bis hellrote Farbe. Die Schoten wachsen an Sträuchern der Art Capsicum frutescens, die zu den Nachtschattengewächsen gehört und eine lange Wachstumsperiode braucht, um die Früchte zur Reife zu bringen.*

# Lachsforellen mariniert
# Zanderfilet überbacken

LACHSFORELLEN MARINIERT
2 Schalotten
2 Knoblauchzehen
3 Stauden asiatischer Koriander
3 Zweige glattblättrige Petersilie
2–3 Msp. Safran
je ¼ TL Kreuzkümmel, Paprikapulver edelsüß und geriebene Zitronenschale
1–2 Msp. Cayennepfeffer
3–4 EL Zitronensaft
1 TL Salz, 4 EL Olivenöl
4 kleine ausgenommene Lachsforellen von je etwa 350 g oder 2 große von je 750–800 g
4 TL Butter

***Zubereitungszeit:***
*15–20 Minuten ohne Marinieren*
***Garzeit:*** *etwa 25–35 Minuten je nach Größe der Forellen*

ZANDERFILET ÜBERBACKEN
1/2 unbehandelte Zitrone
450–500 g Zanderfilet
Salz, 1 großes Bund Dill
2 Eier
4 EL Crème fraîche
weißer Pfeffer
Butter für die Form

***Zubereitungszeit:***
*12–15 Minuten*
***Backzeit:*** *25 Minuten*

LACHSFORELLEN MARINIERT (unten)

Die Schalotten und die Knoblauchzehen abziehen. Die Schalotten fein würfeln, den Knoblauch zerdrücken oder sehr fein schneiden. Die Kräuter waschen, trockentupfen, die Blättchen von den Stielen zupfen und hacken. Schalotten, Knoblauch, Kräuter, Safran, Kreuzkümmel, Paprika, Cayennepfeffer, Zitronenschale und -saft sowie Salz und Olivenöl in einer Schale mischen. Die Lachsforellen waschen, trockentupfen und mit der Mischung füllen. In eine Schale geben und abgedeckt einige Stunden durchziehen lassen.

Den Backofen auf 200 °C vorheizen. 4 – oder bei größeren Fischen 2 – Stück Alufolie mit Butter ausstreichen. Die Lachsforellen locker darin einwickeln und im vorgeheizten Backofen in etwa 25 Minuten garen. Sind die Lachsforellen größer, so werden etwa 10 Minuten Garzeit mehr benötigt. Mit Pellkartoffeln und einem frischen Salat servieren und als Getränk dazu – wie auch zu manchem anderen Fischgericht passend – Grüner Tee.

ZANDERFILET ÜBERBACKEN (oben)

Die Schale der Zitrone abreiben und den Saft auspressen. Das Zanderfilet abspülen, trockentupfen, mit Zitronensaft beträufeln und salzen. Den Dill waschen, trockentupfen und hacken. Eier, Crème fraîche, Salz, Pfeffer, Zitronenschale und Dill verrühren. Den Backofen auf 200 °C vorheizen. Eine Auflaufform mit Butter ausstreichen. Das Zanderfilet hineingeben und mit der Eiercreme übergießen. Im vorgeheizten Backofen in etwa 25 Minuten backen. In der Form servieren.

# Hechtschnitten Mornay

750 g Hechtfilet
Saft von ½ Zitrone
Salz
1 Zwiebel
1 Stück Lauch (Porree)
3–4 Champignons oder auch nur Reste wie Stiele und Schalen
¼ Liter trockener Weißwein
1 Lorbeerblatt
5 weiße Pfefferkörner
1 Zweig Thymian
1 Zweig Petersilie
10 g Butter für die Form

Für die Mornaysauce:
gemischte Kräuter wie Petersilie, Schnittlauch, Dill, Estragon
25 g Butter
15 g Mehl
¼ Liter Fischfond
etwa 6 EL süße Sahne
2 Eier
40–50 g frisch geriebener Parmesan

***Zubereitungszeit:***
*20–25 Minuten*
***Gar- und Backzeit:***
*etwa 22 Minuten*

Das Hechtfilet waschen, trockentupfen, mit Zitronensaft beträufeln und salzen. Die Zwiebel abziehen, den Lauch putzen, beides in Scheiben schneiden. Zusammen mit geputzten Champignons, Wein und ¼ Liter Wasser, Lorbeerblatt, Pfefferkörnern, Thymian, Petersilie und Salz in einen Topf geben. 10 Minuten köcheln lassen. Den Fisch einlegen und knapp gar ziehen lassen. Herausnehmen und in eine gefettete, große Auflaufform legen. Die Brühe durch ein Sieb gießen und heiß halten.
Für die Sauce die Kräuter waschen, trockentupfen und hacken, den Schnittlauch in Röllchen schneiden und auf dem Fisch verteilen. Die Butter in einem Topf erhitzen. Das Mehl einstreuen, durchschwitzen lassen und nach und nach mit heißer Brühe ablöschen. Die Sahne zufügen, einige Minuten köcheln lassen, vom Herd nehmen. Den Backofen auf 220 °C vorheizen. Die Eier trennen. Das Eigelb unter die Sauce rühren, das Eiweiß steif schlagen und unterziehen. Die Sauce über das Hechtfilet gießen. Mit dem Parmesan bestreuen und im vorgeheizten Ofen in etwa 12 Minuten goldgelb überbacken.

*Schnittlauch, Lauch und Zwiebel – hier spielen die drei Geschmacksstufen der verwandten Arten aus der Familie der Liliengewächse zusammen. Sie verleihen in Verbindung mit weiteren Kräutern dem Filet vom „Ritter mit der spitzen Schnauze" – wie der Hecht in alten Büchern genannt wurde – einen ausgewogenen Geschmack. Der Hecht ist der größte Räuber in europäischen Flüssen und Seen und ein Edelfisch. Manchmal wird er bis zu 2 m lang und 35 kg schwer. Bei Feinschmeckern besonders begehrt sind die jungen Hechte von etwa 2 kg Gewicht, das sie im 2. Jahr bereits erreichen. In der Küchenpraxis hat Hechtfleisch nur einen Nachteil, die vielen Gräten, aber viele Vorteile: Es ist besonders fettarm und schmackhaft, und man kann je nach Rezept aus jedem Hecht jeden Alters etwas Leckeres machen.*

# Leber mit Chermoula
# Lammfleischspiesse

LEBER MIT CHERMOULA
Für die Chermoula:
1 Gemüsezwiebel
nach Belieben 1 Knoblauchzehe
1 unbehandelte Zitrone
4 Stauden Koriander
1 EL Paprikapulver, edelsüß
1 TL Kreuzkümmel

4 dünne Scheiben Kalbsleber von insgesamt 450 g
1 EL Mehl
3 EL Olivenöl
Salz
frisch gemahlener weißer Pfeffer

***Zubereitungszeit:***
*25–30 Minuten*
***Garzeit:** 10 Minuten*

LAMMFLEISCHSPIESSE
350–400 g Lammrücken

Für die Marinade:
1–2 Schalotten
1 Knoblauchzehe
1 Stück frischer Ingwer von 2–3 cm
1½ EL helle Sojasauce
½ TL Currypulver

2 Schalotten
8 Cocktailtomaten

***Zubereitungszeit:***
*25 Minuten ohne Marinieren*
***Garzeit:** 10–12 Minuten*

LEBER MIT CHERMOULA (unten)
Die Zwiebel und die Knoblauchzehe abziehen. Die Zwiebel fein würfeln und den Knoblauch zerdrücken oder sehr fein schneiden. Etwas Schale der Zitrone abreiben und den Saft auspressen. Den Koriander waschen, trockentupfen, die Blättchen von den Stielen zupfen, einige Blättchen für die Garnitur zurückbehalten, die anderen hacken. Zwiebel, Knoblauch, Zitronenschale und -saft vermischen, mit Paprika und Kreuzkümmel würzen.
Die Leber waschen, trockentupfen – wenn nötig Röhren entfernen – und in Streifen schneiden. Mit der Chermoula einreiben und über Nacht darin durchziehen lassen. Am nächsten Tag herausnehmen, etwas abstreifen, die Leber zart mehlen und in dem erhitzten Olivenöl braten. Chermoula zufügen, kurz erhitzen, jetzt erst salzen und pfeffern, mit Reis servieren.

LAMMFLEISCHSPIESSE (oben)
Den Lammrücken in 3 cm große Würfel schneiden. Die Schalotten und die Knoblauchzehe abziehen. Die Schalotten fein würfeln und den Knoblauch zerdrücken. Den Ingwer schälen und in der Knoblauchpresse zerdrücken. Schalotte, Knoblauch, Ingwer, Sojasauce und Currypulver verrühren. Das Fleisch 1 bis 2 Tage darin abgedeckt und kühl einlegen.
Für die Fertigstellung die Schalotten abziehen und in Scheiben schneiden. Diese abwechselnd mit Fleischstückchen und Cocktailtomaten auf Spieße stecken. Unter den vorgeheizten Grill legen und pro Seite 5 bis 6 Minuten grillen.
Mit Reis und einem frischen Blattsalat servieren; und dazu paßt als Getränk ein leichter Rotwein.

# Rogan Josh

etwa 250 g Knochen vom Lamm
4 Zwiebeln
4 Knoblauchzehen
Salz
800 g Lammfleisch
4 EL Öl oder Ghee (cremiges Bratfett, ersatzweise auch Butterschmalz)
1 TL Chilipulver
1 TL Paprikapulver
1 TL Korianderpulver
1½ TL Kreuzkümmel
½ TL Kardamom
1 TL Ingwerpulver
1 TL gemahlener Fenchel
1 TL Kurkuma
200 g cremiger Naturjoghurt mit hoher Fettstufe
1 Lorbeerblatt
1½–2 TL Garam Masala
2 Msp. Macis (Muskatblüte)

***Zubereitungszeit:***
*25–30 Minuten*
***Garzeit:** 60 Minuten*

Die Knochen waschen. Zwiebeln und Knoblauchzehen abziehen. 1 Zwiebel in Ringe schneiden, die anderen fein würfeln. 2 Knoblauchzehen hacken, 2 zerdrücken. Knochen, Zwiebelringe und gehackten Knoblauch mit 1 Liter Wasser zum Kochen bringen, salzen und 25 bis 30 Minuten köcheln lassen. Den Schaum abschöpfen. Vom Herd nehmen und durch ein Sieb gießen.
Das Lammfleisch in etwa 2,5 bis 3 cm große Würfel schneiden. Öl oder Ghee (Butterschmalz) in einem Topf erhitzen. Die Zwiebeln darin goldgelb dünsten. Chili-, Paprika-, Korianderpulver, Kreuzkümmel, Kardamom, Ingwerpulver, gemahlenen Fenchel und Kurkuma zufügen, kurz durchschwitzen lassen. Das Fleisch dazugeben und etwas anbraten, nun den zerdrückten Knoblauch hineingeben. Kurz vom Herd ziehen und den Joghurt unterrühren. Köcheln lassen und salzen. ¼ Liter Lammbrühe angießen, das Lorbeerblatt zufügen und schmoren lassen, bis das Fleisch gar ist. Die Flüssigkeit sollte auch fast verkocht sein. Das Lorbeerblatt herausnehmen, mit Garam Masala und Macis würzen, mit Reis servieren. Die restliche Lammbrühe einfrieren.

*Rogan Josh oder in anderer Schreibweise Rhogan gosht ist ein feines Gericht aus der nordindischen Küche der Moguln. Nicht einmal 200 Jahre lang – von Anfang des 16. bis Ende des 17. Jahrhunderts – konnten die moslemischen Herrscher ihr durch Eroberungen über große Teile Indiens zusammengezimmertes Reich gegen alle Angriffe verteidigen. Heute ist das längst Vergangenheit, die herrschaftliche Küche und ihre typischen, ausgewogenen Gewürze sind jedoch keineswegs vergessen. Garam Masala ist die wichtigste Gewürzmischung im Norden Indiens. Sie besteht aus mindestens 2, eher jedoch 6 bis 8, manchmal noch mehr Kräutern und Gewürzen. Ein bekanntes Rezept ist: 1 EL Kardamomsamen, 1,5 cm Zimtstange, je 1 TL schwarze Pfefferkörner, Kreuzkümmelsamen und ganze Gewürznelken, dazu ¼ einer mittelgroßen Muskatnuß. Doch dazu gibt es Varianten, weniger scharf beispielsweise mit mehr Kreuzkümmel, dafür weniger Pfeffer. Wer es kann, mahlt sich Garam Masala selbst und hält die Mischung mehrere Monate frisch durch eine luftdichte, lichtgeschützte Verpackung.*

# Lammfilet mit Bohnen und Tomatenpüree

Für das Tomatenpüree:
je 1 Zwiebel, Knoblauchzehe, Karotte
1 Stück Sellerieknolle
1 kleines Stück Lauch
2 Zweige glattblättrige Petersilie
1 kg Tomaten (ersatzweise 1 große Dose geschälte italienische Tomaten)
3 EL Olivenöl
2 EL Tomatenketchup
1 frisches Lorbeerblatt
Salz, schwarzer Pfeffer
2 TL getrocknete Kräuter der Provence (Thymian, Majoran, Basilikum, Rosmarin, Fenchel, Oregano)
je 1 Zweig frischer Thymian, Majoran, Oregano

800 g kleine Kartoffeln
600 g zarte grüne Bohnen (Prinzeßbohnen)
Salz
2 Zweige Bohnenkraut
weißer Pfeffer

600 g Lammfilet
2 EL Olivenöl
1 EL Butter
1–2 Knoblauchzehen
einige kleine frische junge Zweige Rosmarin

***Zubereitungszeit mit Püree:*** *35–40 Minuten*
***Garzeit:***
*Tomatenpüree 30–40 Min.,*
*Bohnen 12 Min.,*
*Kartoffeln 25 Min.,*
*Lammfilet 4–5 Min.*

Für das Tomatenpüree die Zwiebel und die Knoblauchzehe abziehen. Die Zwiebel grob würfeln, den Knoblauch zerdrücken oder sehr fein schneiden. Die Karotte putzen und wie Sellerie und Lauch in Stücke schneiden. Die Petersilie waschen, abtropfen lassen und grob zerkleinern. Die Tomaten überbrühen, häuten und hacken. Dosentomaten ebenfalls vom Blütenansatz befreien. Das Öl in einem weiten Topf erhitzen. Die Zwiebel darin andünsten. Karotte, Sellerie, Lauch, Petersilie und Knoblauch nacheinander zufügen und weiter dünsten. Nun Tomaten, Tomatenketchup und Lorbeerblatt hineingeben. Mit Salz, Pfeffer und Kräutern der Provence würzen. Etwa ½ Stunde bei mäßiger Temperatur köcheln lassen. Die frischen Kräuter waschen, trockentupfen, die Blättchen von den Stielen zupfen und zufügen. Alles mit dem Schneidstab pürieren. Ein Stück Lorbeerblatt kann mit zerkleinert werden, es verleiht dem Püree eine pikante Note.
Die Kartoffeln waschen, in der Schale kochen und pellen. Die grünen Bohnen putzen und in wenig kochendem Wasser, dem Salz und Bohnenkraut zugefügt wurde, etwa 12 Minuten kochen und pfeffern.
Für das Lammfilet das Olivenöl in einer Pfanne erhitzen. Die Butter zufügen. Die Lammfilets beidseitig je etwa 2 Minuten braten. Mit Salz und Pfeffer würzen, den abgezogenen Knoblauch hineinpressen und die Rosmarinzweige zufügen.
Sofort auf vorgewärmte Teller mit Kartoffeln und grünen Bohnen sowie Tomatenpüree geben.

**Variante:**
Nach Belieben können die neuen ganzen Kartoffeln in einer getrennten Pfanne in Olivenöl und Butter gebraten werden.

*Dieses Essen kann sehr gut vorbereitet werden: Tomatenpüree wird am Tag zuvor fertig gegart. Selbst die Kartoffeln können gekocht sein. Vor dem Servieren werden sie gebraten. Und das Lammfilet benötigt nur wenige Minuten in der Pfanne. Der fein-bittere Geschmack von Rosmarin – vorsichtig dosieren! – kommt in diesem rustikal-mediterranen Gericht voll zur Geltung. Zudem helfen die Zwiebeln des übermannshohen Würzstrauchs bei der Fettverdauung.*

# Indisches Hühnercurry
# Thymian-Fasanenbrust

INDISCHES HÜHNERCURRY
8 Knoblauchzehen
2 Zwiebeln
1 Stück frischer Ingwer von etwa 2½–3 cm
5 getrocknete entkernte rote Chilischoten
700 g Hühnerbrustfilet
150 g ungesalzene Cashewkerne
2 EL Koriandersamen
1 TL Kreuzkümmelsamen
½ Lorbeerblatt, 5 Nelken
1 Zimtstange (etwa 8 cm)
4 EL Olivenöl
¼ Liter Hühnerbrühe
Salz, 1½ TL Kurkuma

***Zubereitungszeit:***
*18–20 Minuten*
***Garzeit:*** *33–35 Minuten*

THYMIAN-FASANENBRUST
1–2 EL Öl, 1 EL Butter
500 g ausgelöste Fasanenbrust
1 TL getrockneter Thymian
Salz, schwarzer Pfeffer
1 TL Speisestärke
⅛ Liter Gemüse- oder Geflügelbrühe
125 g Crème double
2 EL Crème fraîche
2 Zweige frischer Thymian

***Zubereitungszeit:***
*6–8 Minuten*
***Garzeit:*** *22 Minuten*

INDISCHES HÜHNERCURRY
(oben)
Die Knoblauchzehen und Zwiebeln abziehen. Die Zwiebeln würfeln. Den Ingwer kleinschneiden. Die Chilischote grob zerkleinern. Die Hühnerbrustfilets in Stücke von etwa 5 cm schneiden. Knoblauch, Cashewkerne, Koriander, Kreuzkümmel, Chilischoten, Lorbeerblatt, Nelken und zerbrochene Zimtstange in eine trockene große Pfanne geben und unter häufigem Rühren bei mäßiger Temperatur etwa 8 Minuten rösten. Die Zwiebeln zufügen und 5 Minuten unter ständigem Rühren in der Pfanne belassen. Herausnehmen, in einen Mixer geben, 375 ml Wasser dazugießen und sehr fein mixen. Die Pfanne kurz auswischen, das Olivenöl darin erhitzen und die dicksämige Sauce hineingießen. Unter Rühren 5 Minuten bei mäßiger Temperatur köcheln lassen. Die Hühnerbrühe angießen und weitere 5 Minuten köcheln. Nun die Hühnerbrustfilets einlegen, Salz und Kurkuma hinzufügen und 10 bis 12 Minuten bei mäßiger Temperatur garen lassen, bis das Fleisch weich ist. Nach Belieben nochmals abschmecken und mit Reis servieren. Als Getränk paßt dazu Grüner Tee.

THYMIAN-FASANENBRUST
(unten)
Das Öl in einer Pfanne erhitzen. Die Butter zufügen. Die Fasanenbrüste mit Thymian bestreuen und hineinlegen. Beidseitig je etwa 7 Minuten braten, salzen, pfeffern, herausnehmen und warm halten. Die Brühe mit der Speisestärke verrühren und mit Crème double und Crème fraîche in die Pfanne geben. Etwas einkochen lassen. Mit Salz, Pfeffer und eventuell noch etwas Thymian abschmecken. Fasanenbrust mit der Sauce servieren. Mit den frischen Thymianblättchen garnieren.
Dazu passen Apfelscheiben und Kartoffelplätzchen und zu trinken beispielsweise ein leichter Rotwein.

# Rebhuhn auf mallorquinische Art

Für die Füllung:
1 Zwiebel
1 Knoblauchzehe
40 g durchwachsener Speck
175 g Pilze
½ Bund Petersilie
1 Zweig Thymian
1 Zweig Majoran
2 ½ EL Olivenöl
20 g Semmelbrösel
25 g gemahlene Mandeln
Salz
schwarzer oder weißer Pfeffer

4 junge vorbereitete Rebhühner
4 Scheiben dünner grüner Speck
1½ EL Olivenöl
1½ EL Schmalz
2 frische Lorbeerblätter
¼ Liter Wildbrühe
25 g gemahlene Mandeln
1 kleines Glas Sherry Fino
Salz
Pfeffer

***Zubereitungszeit:***
*30–35 Minuten*
***Garzeit:*** *etwa 1 Stunde*

Die Zwiebel und die Knoblauchzehe abziehen. Die Zwiebel hacken und den Knoblauch zerdrücken oder sehr fein schneiden. Den Speck fein würfeln. Die Pilze putzen und kleinschneiden. Die Kräuter waschen, trockentupfen, die Blättchen von den Stielen zupfen und hacken. Das Öl in einem Topf erhitzen. Die Zwiebel darin andünsten. Speck, Pilze und Knoblauch zufügen. 10 Minuten dünsten lassen. Vom Herd nehmen. Semmelbrösel und Mandeln mischen und zufügen. Die Kräuter hineingeben. Mit Salz und Pfeffer würzen.
Nach dem Abkühlen die Rebhühner mit dieser Masse füllen, zunähen oder -stecken. Die Speckscheiben auf die Brustseite legen. Das Olivenöl in einem Bräter erhitzen. Das Schmalz zufügen. Die Rebhühner zunächst auf der Brustseite anbraten, wenden und die andere Seite leicht bräunen lassen. Lorbeerblätter hineinlegen und mit der Brühe ablöschen. In den auf 190 °C vorgeheizten Backofen für etwa 45 Minuten geben, das hängt von der Größe der Rebhühner ab. Öfters begießen. Die Garflüssigkeit mit den gemahlenen Mandeln andicken und mit Sherry, Salz und Pfeffer würzen.

Vielleicht bekommt man ihn hier oder hat ihn von einer Reise mitgebracht: jedenfalls paßt ein Roséwein aus Petra/Mallorca am besten dazu.

*Der Echte Lorbeer, einziger nicht giftiger Vertreter aus der Familie der Lorbeergewächse, ist ein immergrüner Baum oder Strauch mit dunkelgrünen, lederartigen Blättern. Von dem Charakterbaum des Mittelmeerraumes werden in den Küchen auf der ganzen Welt die getrockneten, seltener die frischen Blätter verwendet. Kaum ein anderes Grün verträgt so lange Garzeiten wie Lorbeerblätter. Sie geben ihre Aromastoffe nur sehr langsam ab. So eignet sich Lorbeer sehr für Suppen, Eintöpfe, Saucen, Marinaden und Bouillons, aber auch Braten, wie hier im Rezept. Seit alters steht ein Kranz aus Lorbeerblättern für Ruhm und Sieg, den Griechen war der Echte Lorbeerbaum heilig, der Baum des Gottes Apollon. Heute klingen Redewendungen wie „kein/ein Lorbeer erringen können“ für unsere Ohren eher ironisch, selbst in der positiv formulierten Variante.*

# Wildschweinkeule

Für 5–6 Personen
Für die Marinade:
1 Zwiebel
1 Knoblauchzehe
1 Stange Staudensellerie
1 Karotte
1½ TL getrocknete Kräuter wie Thymian, Majoran, Oregano
1 Lorbeerblatt
½ Liter Weißwein
8 EL Olivenöl
1,5 kg Wildschweinkeule

2 Zwiebeln
1 Petersilienwurzel
1 Karotte
1 Stück Sellerieknolle
Salz
frisch gemahlener schwarzer Pfeffer
70 g Butter
⅛ Liter guter Rotwein
⅛ Liter Brühe, möglichst vom Wild
1 Lorbeerblatt
4–5 Wacholderbeeren
4 schwarze Pfefferkörner
1 EL Mehl
6 EL saure Sahne
1 EL Johannisbeergelee

***Zubereitungszeit:***
*20–25 Minuten ohne Marinieren*
***Garzeit:*** *90 Minuten*

Die Gemüse waschen oder putzen und zerkleinern. In eine genügend große Schüssel geben, Kräuter, Weißwein und Olivenöl zufügen. Die Wildschweinkeule hineingeben und 12 Stunden darin marinieren, gelegentlich wenden.

Die Gemüse zum Schmoren vorbereiten und kleinschneiden.

Das Fleisch herausnehmen und trockentupfen. Mit Salz und Pfeffer einreiben. 50 g Butter in einem Topf erhitzen und die Keule darin von allen Seiten anbraten. Das Gemüse zufügen, kurz weiter braten und mit dem Rotwein und ⅛ Liter durchgeseihter Marinade ablöschen. Lorbeerblatt und zerdrückte Wacholderbeeren sowie Pfefferkörner zufügen. Etwa 1½ Stunden im auf 200 °C vorgeheizten Backofen schmoren.

Die Wildschweinkeule herausnehmen und warm stellen. Die Schmorflüssigkeit durch ein Sieb passieren. Die restlichen 20 g Butter mit dem Mehl verkneten und in die Schmorflüssigkeit rühren. Einige Minuten köcheln lassen. Mit saurer Sahne, Johannisbeergelee und Salz abschmecken. Zu der Wildschweinkeule servieren.

*So markant wie das Wildschwein ist die Pflanze, von der ein charaktervolles Gewürz stammt: Wacholderbeeren sind bitter-süß, und Wacholder ist ein stacheliger, immergrüner Geselle, der wild und anpassungsfähig in ganz Europa und Amerika wächst. Nur zur Größe eines Zwergstrauchs, häufig von kriechendem Wuchs, reicht es im Hochgebirge. Als typische, meist schlanke Büsche von einigen Metern Höhe bevölkern Wacholder regelmäßig beweidete Heideflächen und trockene Wiesen auf kargen Böden: in der Lüneburger Heide, auf den Mittelgebirgen der Schwäbischen Alb, des Frankenjura und der Fränkischen Schweiz. Im Süden, rund um das Mittelmeer kommt dann die Verwandtschaft des Wacholder mit den Zypressen zum Ausdruck. Dort kann er stattliche Ausmaße erreichen, sich zu einem bis zu 10 m hohen Baum entwickeln. Aber das braucht in der Regel viel Zeit, wird doch Wacholder unter optimalen Bedingungen 500 Jahre alt.*

Johannisbeer
VINO DA TAVOLA
di Castellina in Chianti.
Nasce dai migliori
grappoli di uva Sangioveto
e Malvasia nera della vigna
I Sodi di San Niccolò.
Dopo la fermentazione
malolattica viene
invecchiato in caratti
75 cl. e

Safran macht den Kuchen gel ... – gleich im ersten Rezept dieser Gruppe ist das berühmte Gewürz verarbeitet, das zumindest früher ein Symbol für Küchenluxus war. Was sich aber sonst noch auf diesem Bild versammelt, ist immer erschwinglich und genau richtig für fein abgeschmeckte süße Desserts: Vanille und Zimt, Anis, Sternanis und Kardamom. In manchem Backwerk, so den beliebten Lebkuchen, wird ein Potpourri gespielt, mit Pikantem wie Pfeffer, Ingwer, Gewürznelke und Piment. Und zu guter Letzt die Rückkehr zu „alten Bekannten“: Mit den Kräutern in Kräuteröl und -essig haben wir die Sommersonne gleichsam eingefangen – bis zum nächsten Frühling.

# Süsses, Gebäck und Getränke

# Safranbrot
# Fladenbrote

SAFRANBROT
500 g Mehl
30 g Hefe
1 TL und 1 EL Zucker
1 Msp. Salz
¼ TL gemahlener Safran
5 EL Rosinen
Butter für das Blech
1 Eigelb und 1 EL Milch zum Bestreichen des Gebäcks

***Zubereitungszeit:***
*60 Minuten*
***Backzeit:*** *30 Minuten*

FLADENBROTE
Für den Vorteig:
200 g Weizenmehl
25 g Hefe
1 TL Zucker

40 g Butterschmalz
¼ Liter heißes Wasser
3 EL Erdnuß- oder Olivenöl
4 EL Orangenblütenwasser
400 g Mehl
75 g Puderzucker
Salz
4–5 EL Sesamsamen
1–1½ TL gemahlener Anis

Fett für das Blech
1 Eigelb

***Zubereitungszeit:***
*15–20 Minuten ohne Teig-Gehen*
***Backzeit:*** *20 Minuten*

SAFRANBROT (oben)
Das Mehl in eine Schüssel sieben. In die Mitte eine Vertiefung drücken. Die Hefe fein hineinbröckeln. 1 Teelöffel Zucker zufügen und mit ⅛ Liter warmem Wasser verrühren. Abgedeckt 20 Minuten an einem warmen Ort ruhen lassen, bis sich Bläschen bilden und die Hefe aufgegangen ist. ⅛ Liter warmes Wasser mit Zucker, Salz und Safran mischen und zufügen. Gut durchkneten und nochmals mindestens 30 Minuten abgedeckt aufgehen lassen, bis sich das Volumen des Teigs verdoppelt hat. Bei Bedarf noch etwas Mehl zugeben. Jetzt erst die Rosinen unterarbeiten. Zwei Stränge formen und miteinander verschlingen. Auf ein gefettetes Backblech legen, nochmals 10 Minuten gehen lassen. Den Backofen auf 200 °C vorheizen. Eigelb und Milch verrühren, das Safranbrot damit bestreichen. Im vorgeheizten Backofen in etwa 30 Minuten backen.

FLADENBROTE (unten)
Das Weizenmehl in eine Schüssel sieben. In die Mitte eine Vertiefung drücken. Die Hefe hineinbröckeln, den Zucker zufügen und mit 100 ml warmem Wasser verrühren. Abgedeckt an einem warmen Ort aufgehen lassen. Das Butterschmalz in dem heißen Wasser auflösen und etwas abkühlen lassen. Mit Öl und Orangenblütenwasser zu dem Vorteig geben. Mehl, Puderzucker und Salz unterkneten. Zum Schluß 3 EL Sesamsamen und Anis in den Teig einarbeiten. In eine Schüssel geben, mit einem Tuch bedecken und gut 1 Stunde an einem warmen Ort aufgehen lassen, bis sich das Volumen des Teigs verdoppelt hat. Nochmals durchkneten und 10 kleine Teigballen daraus formen. Auf gefettete Bleche legen und flachdrücken. Nochmals gehen lassen. Den Backofen auf 190 bis 200 °C vorheizen. Das Eigelb mit 1 EL Wasser verrühren, die Fladen damit bestreichen. Mit einer Gabel mehrmals einstechen, mit Sesamsamen bestreuen. Im vorgeheizten Backofen in etwa 20 Minuten backen, wenn nötig nacheinander.

*Das Safranbrot ist ein sehr schönes Frühstücksbrot, noch etwas vielseitiger als ein Hefezopf, denn es kann gut mit süßem oder salzigem Belag gegessen werden. Und die leckeren kleinen Fladenbrote schmecken eigentlich zu allem.*

SESAM
ANIS

# Kaffee Ost-West

VANILLEKIPFERL
250 g Butter
250 g Mehl
gut 100 g Puderzucker
2 Tütchen Vanillezucker
225 g gemahlene Haselnüsse
Butter für das Blech
Schokoladenkuvertüre

***Zubereitungszeit:***
*35 Minuten*
*(ohne Ruhezeit)*
***Backzeit:*** *25 Minuten*

KARDAMOM-KAFFEE
1–2 TL Kardamomsamen
4–6 Meßbecher Kaffeepulver, je nach gewünschter Stärke

***Zubereitungszeit:***
*8–10 Minuten*

KAPUZINER
4 Meßbecher Kaffeepulver
100 ml süße Sahne
4 Msp. Kakao
4 Msp. Zimt

***Zubereitungszeit:***
*10–12 Minuten*

VANILLEKIPFERL
Butter, Mehl, Puderzucker, Vanillezucker und Haselnüsse mit dem Knethaken des Handrührers zu einem Teig verarbeiten. Mit den Händen nochmals durcharbeiten, 30 bis 40 Minuten abgedeckt in den Kühlschrank stellen. Kleine Kipferl (Hörnchen) formen und auf gefettete Backbleche geben. Etwa 25 Minuten bei 160 °C möglichst mit Umluft backen. Die Spitzen der erkalteten Kipferl in geschmolzene Schokoladenkuvertüre tauchen. Trocknen lassen und mit Puderzucker bestreuen.

KARDAMOM-KAFFEE (links)
Kardamom und Kaffee in den Filter geben und mit 4 Tassen kochendem Wasser überbrühen. Dies ist im ganzen Mittleren Osten ein beliebtes Getränk.

KAPUZINER (rechts)
Den Kaffee in den Filter geben und mit 4 Tassen kochendem Wasser überbrühen. Die Sahne schlagen und auf den Kaffee geben. Mit Kakao und Zimt bestreuen.

*Zimt zählt zu den ältesten Gewürzen der Welt. Der Echte Zimt, die papierdünne, hellbraune, getrocknete innere Rinde des Baumes Cinnamomum verum oder zeylanicum aus der Familie der Lorbeergewächse, kommt zu dünnen Stangen aufgerollt und zusammengesteckt in den Handel, aber auch als Pulver. Ursprünglich wuchs der Baum nur auf der Insel Ceylon – daher der botanische Name –, dem heutigen Sri Lanka. Heute werden Plantagen in Indien, Indonesien, Brasilien, auf Madagaskar und den Seychellen bewirtschaftet. Echter Zimt zeichnet sich durch feinen, süßen, warmen, man könnte sagen sinnlichen Geschmack aus.*
*Äußerlich sehr ähnlich ist Kassia-, China- oder Holzzimt, der burmanesisch-chinesische Verwandte des Echten Zimts. Die gröbere, dickere Rinde des etwas kleineren Baumes Cinnamomum cassia ist getrocknet rötlich braun und wird in kleineren und größeren Stücken angeboten. Das etwas weniger feine, ins Bittere tendierende Aroma ist in Verbindung mit Zucker aber ebenso geeignet, Süßspeisen nachhaltig und unverwechselbar zu würzen.*

# Dreimal Kräuter-Milch Ingwertee

KRÄUTER-BUTTERMILCH
6–8 Zweige frische Kräuter wie Petersilie, Schnittlauch, Dill, Basilikum oder Sauerampfer
1 Liter Buttermilch
1 EL Zitronensaft
Salz, weißer Pfeffer
wenig abgeriebene Muskatnuß

***Zubereitungszeit:***
*6 Minuten*

KRÄUTER-MILCH
6–8 Zweige frische Kräuter wie Petersilie, Kerbel, Dill, Pimpinelle, Schnittlauch
¾ Liter Milch
¼ Liter Trinkjoghurt
Salz, weißer Pfeffer
2 EL Tomatenketchup

***Zubereitungszeit:***
*6 Minuten*

INGWERTEE
Für 5–6 Gläser
1 Stück frischer Ingwer von etwa 4 cm
1½ unbehandelte Zitronen
5–6 TL schwarzer Tee
1 Gewürznelke
Kandis nach Geschmack
5–6 Eiswürfel

***Zubereitungszeit:***
*12 Minuten*

KRÄUTER-BUTTERMILCH (links)
Die Kräuter waschen, trockentupfen, die Blättchen von den Stielen zupfen und hacken. Die Buttermilch mit Zitronensaft, Salz, Pfeffer und Muskatnuß verrühren. Die Kräuter unterziehen und sofort servieren.

Eine weitere Variante mit reichlich ¼ Salatgurke, 1 Liter Buttermilch, ½ Bund Dill, 1 EL Zitronensaft, Salz, weißem Pfeffer und Macis geht so: Ein Stück Gurke abschneiden und so anschneiden, daß ein Rädchen oder Stern entsteht. In 4 Scheiben schneiden. Den Rest der Salatgurke schälen, Kerne entfernen, in Stücke schneiden und mit Buttermilch, Dill – davon etwas für die Garnitur zurückbehalten – und Zitronensaft in einen Mixer geben. Mit Salz, Pfeffer und Macis (Muskatblüte) würzen und mit Gurkenscheiben und Dillzweig garniert servieren; Zubereitungszeit: 7–8 Minuten.

KRÄUTER-MILCH (Mitte)
Die Kräuter waschen, trockentupfen, die Blättchen von den Stielen zupfen und außer dem Schnittlauch mit Milch und Joghurt im Mixer pürieren. Mit Salz, Pfeffer und Tomatenketchup abschmecken und mit den kleingeschnittenen Schnittlauchröllchen bestreuen.

INGWERTEE (rechts)
Den Ingwer schälen und in 4 Stücke schneiden. 1 Zitrone auspressen, die andere Hälfte in dünne Scheiben schneiden.
1 Liter Wasser zum Kochen bringen. Ingwer, Tee und Nelke in eine Kanne geben, mit dem Wasser überbrühen und 3 Minuten ziehen lassen. Ein- bis zweimal zwischendurch umrühren. Abseihen, Zitronensaft und Kandis zufügen. Je 1 Eiswürfel in hohe Teegläser geben und den Tee hineingießen. Eine Zitronenscheibe an den Rand des Glases stecken und mit einem Trinkhalm servieren.

*An heißen Sommertagen ist jedes der vier Getränke rasch zubereitet, und der wunderbaren, alkoholfreien, teils sogar gleichzeitig sättigenden Art, den Durst zu löschen, steht nichts mehr im Wege.*

# Apfelauflauf
# Käsekuchen

APFELAUFLAUF
Für 3–4 Personen
4 Äpfel, etwa 500 g
½ Limette
etwa 50 g Butter
100 g Mehl
75 g Zucker
1 Ei
je 2 Msp. Anis, Gewürznelken, Muskatblüte, Koriander, Piment, Zimt oder fertiges Lebkuchengewürz
30 g Mandelblättchen

***Zubereitungszeit:***
*15–20 Minuten*
***Backzeit:** 35–40 Minuten*

KÄSEKUCHEN
1 Vanilleschote
½–1 unbehandelte Zitrone
2 Eier
50–60 g Zucker
350 g Ricotta
6 EL Eierlikör
3 EL Speisestärke
1 Msp. Salz
40 g Rosinen
2–3 Msp. Zimtpulver
1 EL Butter und 1–2 TL Mehl für die Form

***Zubereitungszeit:***
*12–15 Minuten*
***Backzeit:** 40–45 Minuten*

APFELAUFLAUF (oben)
Die Äpfel schälen, vom Kernhaus befreien und in Scheibchen schneiden. Die Limette auspressen. Eine feuerfeste Auflaufform mit etwa 1 bis 2 Eßlöffeln Butter ausstreichen und die Äpfel dachziegelartig hineinschichten. Mit Limettensaft beträufeln. Mehl, Butter, Zucker und Ei zusammenmischen und zu Streuseln zerbröseln. Den Backofen auf 200 °C vorheizen. Die Gewürze mischen und die Äpfel damit bestreuen, dann den Auflauf mit den Streuseln bedecken und den Mandelblättchen bestreuen. Im vorgeheizten Backofen etwa 35 bis 40 Minuten backen.

KÄSEKUCHEN (unten)
Die Vanilleschote der Länge nach aufschneiden und das Mark herauskratzen. Die Zitrone warm abwaschen und abtrocknen, die Schale mindestens einer halben Zitrone abreiben und den Saft auspressen. Die Eier mit dem Zucker und dem Vanillemark in einer Schüssel schaumig rühren. Ricotta, Zitronenschale, Eierlikör, Speisestärke und Salz zufügen und alles vermischen. Die Rosinen hineingeben. Mit Zitronensaft und Zimt abschmecken. Den Backofen auf 200 °C vorheizen. Eine kleine Form von 18 oder 20 cm Durchmesser einfetten, mit Mehl ausstreuen, abklopfen und die Masse einfüllen. Den Kuchen im vorgeheizten Ofen in 40 bis 45 Minuten backen.

*Im Gegensatz zu der hier beschriebenen Methode, die sich zur einmaligen Verwendung des Marks aus einer Vanilleschote eignet, gibt es noch eine andere, sparsamere: Das ganze, sehr angenehme Geschmacksspektrum der Vanille erschließt sich auch, wenn man ganze Schoten über längere Zeit in Milch oder Sauce einlegt. Danach kurz gewaschen und getrocknet, können die Schoten mehrmals sogar über Jahre verwendet werden, sofern man sie dunkel, kühl und gut verschlossen in Glasröhrchen aufbewahrt.*

# Tessiner Brottorte

Für etwa 12 Stücke
1 Liter Milch
250 g altbackenes weißes Brot oder auch teils Graubrot
100 g Rosinen
⅛ Liter Grappa
etwa 1 EL Butter für die Form
80 g Vollmilch-Schokolade
1 Dose Maronenpüree, Inhalt 435 g
etwa 120 g Zucker
2 Tütchen echter Vanillezucker
2–3 Msp. Zimtpulver
3 Msp. Macis
200 g gemahlene Mandeln
4 Eier
100 g Zitronat
1 EL Mehl für die Form
evtl. 2 EL Mandellikör

***Zubereitungszeit:***
*25–30 Minuten ohne Einweichen*
***Backzeit:***
*etwa 1½ Stunden*

¾ Liter Milch zum Kochen bringen und das Brot damit übergießen. Abgedeckt über Nacht durchziehen lassen. Die Rosinen in dem Grappa einweichen.
Am nächsten Tag die restliche Milch erhitzen und über das Brot gießen. Das Brot gut durchkneten beziehungsweise mit den Knethaken des Handmixers zerkleinern. Eine Form von 28 cm Durchmesser mit Butter ausstreichen und kalt stellen. Die Schokolade reiben und mit Maronenpüree, Zucker, Vanillezucker, Zimt, Macis, Mandeln und Eiern zu dem Brot geben. Gut durchkneten und zum Schluß das Zitronat und die in Grappa eingeweichten Rosinen zufügen und abschmecken. Den Backofen auf 200 °C vorheizen. Die Form mit Mehl bestreuen und überschüssiges Mehl abklopfen. Den Teig einfüllen und im vorgeheizten Backofen etwa 1½ Stunden backen. Eine Garprobe machen. Nach Belieben den Kuchen nach dem Backen mit dem Likör bepinseln.
Als passendes Getränk kann Kaffee empfohlen werden. Es ist aber auch gegen Tee oder Kakao überhaupt nichts einzuwenden – ganz nach persönlichem Geschmack.

*Zunächst ein paar Bemerkungen zu den Maronen, Eß- oder Edelkastanien: Ursprünglich ein in Kleinasien heimisches Buchengewächs, werden die echten Kastanienbäume heute in Italien, im Tessin, in Frankreich, Spanien, aber auch in warmen „Ecken" beiderseits des Oberrheins angebaut. Wer kennt sie nicht, die „heißen Maroni" mit ihrem unwiderstehlichen Duft!? Auch die Vanille macht ihr Duft – aus über 30 Duftstoffen – so anziehend. Dabei sind die schwarz-braunen, öfters runzeligen Schoten wenig ansehnlich. Für den Geschmack sorgen Stoffe wie Vanillin, Vanillealkohol und Zimtsäure. Botanisch betrachtet: Vanilleschoten sind die Kapselfrüchte einer Schlingpflanze aus der Orchideenfamilie. Zunächst nur im tropischen Amerika mit Hilfe von Kolibris und bestimmter Bienen fortzupflanzen und anzubauen, wird nun jede einzelne Blüte, die nur 24 Stunden blüht, von Hand bestäubt: außer in Mexiko auf Madagaskar, den Seychellen, den Komoren und auf Réunion, der früheren Insel Bourbon. Erst aufwendige Trocknungs- und Fermentierungsprozesse ergeben die bekannten dunklen, glänzenden Schoten.*

# Marzipan-Makronen Florentiner

MARZIPAN-MAKRONEN
Für etwa 12 Stück
7–8 getrocknete Aprikosen
100 g Marzipan-Rohmasse
50 g Zucker
2–3 EL Amaretto (Mandellikör)
2 Msp. Vanillemark oder Vanillepulver
je 2 Msp. Zimt und Piment
1 Eiweiß, 1 Msp. Salz
12 Oblaten von etwa 7 cm Durchmesser
3 EL Pinienkerne

***Zubereitungszeit:***
*12–15 Minuten*
***Backzeit:***
*etwa 25 Minuten*

FLORENTINER
gut 100 g Mandeln oder einige halbe zum Garnieren und 100 g gekaufte Mandelblättchen
50 g Butter
⅛ Liter süße Sahne
je 50 g Zitronat und Orangeat
125 g Zucker
1 Päckchen Vanillezucker
2 Msp. Zimt, 65 g Mehl
Butter für das Blech
1 kleiner Becher Schokoladenkuvertüre

***Zubereitungszeit:***
*20–30 Minuten, falls die Mandeln selbst vorbereitet werden*
***Backzeit:*** *18–20 Minuten*

MARZIPAN-MAKRONEN (links)
Die Aprikosen in sehr kleine Stücke schneiden. Die Marzipan-Rohmasse mit Zucker und Amaretto pürieren. Die Aprikosen zufügen. Mit Vanillemark oder -pulver, Zimt und Piment abschmecken. Das Eiweiß mit dem Salz steif schlagen und unter die Masse ziehen. Den Backofen auf 150 °C vorheizen. Ein Blech mit Oblaten belegen. Mit Hilfe von zwei Teelöffeln Häufchen darauf setzen. Die Pinienkerne leicht darauf drücken und im vorgeheizten Backofen in etwa 25 Minuten backen.

*Dieses leicht herzustellende Gebäck – ein nettes Mitbringsel – verdankt seinen feinen Geschmack auch einem Gewürz, das gerne als Allerleigewürz bezeichnet wird. Als die Spanier auf ihrer Suche nach dem Pfeffer in der Neuen Welt auf die erbsengroßen Samenfrüchte des Myrtenbaumes stießen, wähnten sie sich am Ziel. Doch schnell stellte sich heraus, daß pimienta nicht dasselbe wie Pfeffer ist. Im Piment oder Nelkenpfeffer sind die gut duftenden Aromen von Pfeffer, Nelken, Zimt und Muskatnuß vermischt. Dies macht ihn so geeignet für vielerlei Rezepte.*

FLORENTINER (rechts)
Die Mandeln heiß überbrühen und abziehen, einige für die Garnierung halbieren und beiseite stellen, etwa 100 g fein blätterig schneiden. Butter und Sahne in einen Topf geben und bei schwacher Hitze zum Kochen bringen. Mandelblättchen, Zitronat, Orangeat, Zucker, Vanillezucker, Zimt und Mehl zufügen und einige Minuten unter Rühren schwach kochen lassen. Den Backofen auf 160 °C vorheizen. Mit Hilfe von zwei Teelöffeln kleine Häufchen auf ein gefettetes Blech setzen, diese mit halbierten Mandeln belegen. Die Florentiner im vorgeheizten Ofen 18 bis 20 Minuten goldgelb backen. Sofort mit einem Pfannenmesser vom Blech lösen und die Unterseite mit Schokoladenkuvertüre überziehen. Trocknen, abkühlen lassen.

*Ein Hinweis sei gestattet, damit diese berühmte Leckerei auch wirklich gelingt: Sollte die Masse zu flüssig sein, geben Sie noch 1 Eßlöffel Mehl zu. Dennoch sollten Sie den Abstand zwischen den Häufchen genügend groß lassen, da die Florentiner auseinanderlaufen.*

# Christstollen

175 g Sultaninen
6 EL Rum

500 g Mehl
40 g Hefe
75 g Zucker
⅛ Liter Milch
etwa 2 unbehandelte Zitronen
150 g Butter
2 Eigelb
1 TL Salz
50 g Zitronat
50 g Orangeat
75 g gehackte Mandeln
2 Msp. abgeriebene Muskatnuß
2 Msp. Nelkenpulver
2 Msp. Kardamom
2 Msp. Zimtpulver

Fett für das Backblech

Zum Bestreichen:
100 g Butter
50–100 g Puderzucker oder
halb Kristall-, halb Puderzucker

***Zubereitungszeit:***
*30–35 Minuten ohne Zeit des Gehens*
***Backzeit:*** *etwa 1 Stunde*

***Tip:***
*Zunächst müssen bei der Herstellung von Hefeteig sämtliche Zutaten leicht temperiert, also handwarm sein.*

Am besten bereits am Vortag die Sultaninen mit dem Rum übergießen und ziehen lassen.
375 g Mehl in eine Schüssel sieben, eine Vertiefung hineindrücken. Die Hefe hineinbröckeln, mit 1 Teelöffel Zucker bestreuen und mit der Hälfte der Milch begießen und einen Brei rühren. Abgedeckt etwa 20 Minuten an einem warmen Ort stehen lassen, damit der Vorteig aufgeht.
Die Zitronen warm abwaschen, trockenreiben, die Schale abreiben und beiseite stellen. Es werden 2 bis 3 Teelöffel davon benötigt.
Den restlichen Zucker und die weiche Butter zufügen. Das Eigelb, Salz und die restliche Milch mit dem Rührgerät etwa 5 Minuten gut schlagen und ebenfalls zum Teig geben. Dann Zitronat, Orangeat, Mandeln und die eingeweichten Sultaninen zufügen. Mit Muskatnuß, Nelken, Kardamom, Zimt und Zitronenschale abschmecken und das restliche Mehl zufügen. Gut durchkneten, wieder in die Schüssel geben, abdecken und nochmals 20 bis 30 Minuten gehen lassen.
Daraus einen größeren oder zwei kleinere Stollen formen – mit der typischen leichten Längskerbe –, auf ein gefettetes Backblech geben und nochmals auf dem Blech etwa 20 Minuten gehen lassen. Den Backofen auf 170 bis 180 °C vorheizen und den oder die Stollen darin in knapp bis gut 1 Stunde backen.
Die Butter in einem Topf leicht erwärmen und flüssig werden lassen. Den noch heißen Stollen mit einem Pinsel bestreichen, so daß er die Butter richtig aufsaugen kann. Nach Geschmack mehr oder weniger dick mit Puderzucker oder zunächst Kristall-, dann Puderzucker bestreuen.

*Dies ist sozusagen die kleinere Ausgabe der berühmten Dresdner Christstollen, die in der Regel gleich im großen Stil gebacken werden – mindestens etwa fünf Stollen auf einmal. Meister dieses Fachs versichern stets, man brauche Jahre, ehe die Stollen den hohen eigenen Ansprüchen und denen der anspruchsvollen Kundschaft genügen. Es komme besonders auf die Krume an, sie müsse einfach gut durchgebacken sein. Die Kruste sei zweitrangig, was angesichts der Nachbehandlung mit flüssiger Butter und Puderzucker auch verständlich ist.*
*Also, frisch ans Werk, mit der nötigen Geduld!*

# Mangodessert Quittensorbet

MANGODESSERT
Für 3–4 Personen
2 Blatt weiße Gelatine
1 reife Mango
1 unbehandelte Limette
200 g körniger Frischkäse (Hüttenkäse)
30 g Zucker
2 EL Rosenwasser
100–125 ml süße Sahne

***Zubereitungszeit:***
*18–20 Minuten*

QUITTENSORBET
Für 4–6 Personen
3–5 Quitten, etwa 1 kg Gewicht
1 Stück frischer Ingwer von etwa 3–4 cm
1–2 Zimtstangen
2 Tütchen Vanillezucker
½–1 Zitrone je nach Geschmack
125 g Zucker

***Zubereitungszeit:***
*40–45 Minuten mit Eiszubereitung*
***Garzeit:*** *20–25 Minuten*

***Tips:***
*Ingwerknollen müssen sich hart anfühlen und gleichmäßig weiß oder gelbbraun aussehen. Je älter der Ingwer, desto faseriger das Fleisch. Soll frischer Ingwer gerieben werden, immer nur so viel Rinde schälen, wie benötigt wird.*

MANGODESSERT (rechts)
Die Gelatine in kaltem Wasser einweichen. Die Mango schälen, das Fruchtfleisch vom Kern lösen und pürieren. Die Limette warm abwaschen, abtrocknen, etwas Schale abreiben und den Saft auspressen. Den Hüttenkäse mit Limettensaft, Zucker und Rosenwasser verrühren und gut abschmecken. Die Gelatine in 2 EL heißem, aber nicht kochendem Wasser auflösen und unterziehen. 10 Minuten in den Kühlschrank stellen und leicht fest werden lassen. Die Sahne steif schlagen und unterheben. In schlanke Gläser zuerst Hüttenkäse, dann Mangofruchtfleisch, Hüttenkäse und erneut Mangofruchtfleisch schichten. Gut gekühlt servieren.

QUITTENSORBET (links)
Die Quitten waschen, abreiben, halbieren oder vierteln, schälen, vom Kernhaus befreien und in kleine Stücke schneiden. Den Ingwer schälen und hacken. Die Quitten mit ½ Liter Wasser, dem Ingwer und den Zimtstangen aufsetzen, 15 bis 20 Minuten köcheln lassen, bis die Quitten weich sind. Die Zimtstangen entfernen, Vanillezucker und Zitronensaft zufügen und mit dem Schneidstab pürieren. ¼ Liter Wasser mit dem Zucker 5 Minuten köcheln, etwas abkühlen lassen und in das Quittenpüree rühren. 20 bis 30 Minuten in die Eismaschine geben. Mit dem Eisportionierer in hohen Kelchgläsern dekorativ anrichten.

*Quitten und Ingwer – eine gute Kombination. Die selbst in reifem Zustand beinahe steinharten Quitten sind ja roh ungenießbar. Doch gekocht kommt ihr angenehm herb-säuerlicher Geschmack heraus, erinnert je nach Sorte etwa an Apfel mit Ananas oder Birne mit Ananas. Ingwer, die Gewürzlilie, wird seit mehr als 3000 Jahren kultiviert, zunächst in den Tropen Südostasiens, dann in Indien. Aus ihren Wurzelknollen gewinnt man das reine, frische, scharfe Gewürz. Araber brachten den Ingwer nach Ostafrika, Portugiesen nach Westafrika und Spanier schließlich in die Neue Welt. Heute wächst er in allen tropischen Regionen und wird in Indien, China, Japan, Indonesien, Nordaustralien, Afrika, Westindien und Brasilien angebaut. Ingwer aus Jamaika und Indien mit Zitronengeschmack ist begehrt, derjenige aus Westafrika am schärfsten.*

# Weinbergpfirsichgrütze
# Rhabarberkompott

WEINBERGPFIRSICH-GRÜTZE
800–1000 g rote Weinbergpfirsiche, entspricht etwa 650 g Fruchtfleisch
1 unbehandelte Zitrone
200 g Gelierzucker
2 Stück Sternanis
2 Msp. gemahlener Anis
1–2 Msp. Zimt
5 EL Pfirsichlikör
1 Tütchen echter Vanillezucker
Zucker nach Geschmack und Süße der Pfirsiche

***Zubereitungszeit:***
*15–20 Minuten*
***Garzeit:*** *4 Minuten*

RHABARBERKOMPOTT
500 g Rhabarber
100–125 ml guter Rotwein
etwa 70 g Zucker
½ Vanilleschote
2 Sternanis

***Zubereitungszeit:***
*10 Minuten*
***Garzeit:*** *10 Minuten*

WEINBERGPFIRSICHGRÜTZE (oben)
Die Weinbergpfirsiche waschen, mit kochendem Wasser überbrühen, damit sie leichter zu häuten sind. Kerne entfernen, Fruchtfleisch in schmale Spalten schneiden und abwiegen – es sollten etwa 650 g Fruchtfleisch verbleiben. Die Zitrone warm abwaschen und abtrocknen, Schale abreiben und Saft auspressen. Das Pfirsichfruchtfleisch mit Gelierzucker, Zitronenschale, Sternanis, Anispulver und Zimt 4 Minuten kochen lassen. Den Sternanis entfernen. Mit Pfirsichlikör, Vanillezucker, Zucker und Zitronensaft abschmecken. In eine Glasschüssel füllen. Mit halbsteif geschlagener Sahne oder einer Vanillesauce servieren.

RHABARBERKOMPOTT (unten)
Den Rhabarber waschen, putzen, in Stücke schneiden und mit Rotwein, Zucker, aufgeschnittener und ausgeschabter Vanilleschote sowie Sternanis in einen Topf geben. 10 Minuten bei mäßiger Temperatur kochen lassen. Der Rhabarber sollte nicht ganz zerfallen. Vanilleschote und Sternanis entfernen.
Mit Pistazieneis, Vanilleeis oder zu Grießflammeri servieren.

*Die achtarmig sternförmigen, attraktiven, leicht auch ohne jedes Etikett zu erkennenden Fruchtkapseln eines südchinesischen immergrünen Magnolienbaums sind unter dem Namen Sternanis bekannt. Botanisch haben sie nichts mit den Anissamen zu tun, enthalten aber das gleiche ätherische Öl Anethol. So wirkt der süße Geschmack von Sternanis wie eine Mischung, in der Anis vorherrscht, ein wenig Fenchel enthalten ist und noch etwas weniger Lakritz. Sternanis ist Bestandteil einiger Würzmischungen, beispielsweise des chinesischen Fünf-Gewürze-Pulvers, und verleiht vielen asiatischen Gerichten genau das Quentchen Originalität, das Anis nicht so zustande bringen kann.*

# Erdbeer-Kaltschale Maibowle

ERDBEER-KALTSCHALE
4 Blatt weiße Gelatine
500 g Erdbeeren
½ unbehandelte Zitrone
80 g Zucker
3 Msp. Vanillemark
200 ml rosa Sekt
(Piccolo-Flasche)
2 Zweige Minze
Vanilleeis (Fertigprodukt)

***Zubereitungszeit:***
20 Minuten ohne Kühlen

MAIBOWLE
2 Bund Waldmeister
1 Flasche halbtrockener Weißwein
1 unbehandelte kleine Orange
1 Flasche Roséwein
1 Flasche Sekt

***Zubereitungszeit:***
*10 Minuten ohne Kühlen*

ERDBEER-KALTSCHALE (unten)
Die Gelatine in kaltem Wasser einweichen. Die Erdbeeren waschen, trockentupfen und vom Blütenansatz befreien. Die Zitronenschale abreiben und den Saft auspressen. Die Erdbeeren mit dem Zucker pürieren. Vanille, Sekt, Zitronenschale und -saft zufügen. Die Gelatine in 5 bis 6 Eßlöffel heißem Wasser auflösen. Das Erdbeerpüree unter Rühren zufügen. Einige Stunden in den Kühlschrank stellen. Auf tiefen Tellern oder Glasschalen mit Vanilleeis und Minzblättchen garniert anrichten.

MAIBOWLE (oben)
Waldmeister waschen, gut trockentupfen und abwiegen: Es sollten nicht mehr als 3 g Blätter je Liter Flüssigkeit sein – ein kleiner Aufschlag durch das Gewicht der Stengel eingerechnet – , in unserem Rezept also höchstens 8 bis 11 g Waldmeister auf 2,25 bis 3 Liter Bowle (je nach Flascheninhalt). Vor Gebrauch die Waldmeisterzweige zusammenbinden und zu dem Weißwein in ein Bowlengefäß hängen, so daß nur die Blätter mit dem Wein in Berührung kommen. Die Orange gut abwaschen und in Scheiben geschnitten zufügen. Abgedeckt und kühl für etwa 1 Stunde stehen lassen. Den Waldmeister entfernen. Vor dem Servieren den gut gekühlten Roséwein und den Sekt zugießen.

*Waldmeister, unter anderem auch Wohlriechendes Labkraut oder auf französisch reine des bois – wörtlich „Königin der Wälder“ –, beherrscht in der Tat für wenige Wochen im Mai und Juni den Boden von Laub- und Mischwäldern in unseren Breiten. Wichtig ist, ihn bereits an seinen sternförmig angeordneten, lanzettförmigen Blättern zu erkennen, wenn man seine Duft- und Aromastoffe in der Küche verwenden will – stets in vernünftiger Dosierung, wie oben beschrieben. Sobald die weißen Blüten erscheinen, ist nämlich von der Verwendung der Pflanze abzuraten. Cumarinverbindungen – das sind Ester der Hydroxyzimtsäure – in Waldmeister machen seinen Duft aus, werden beim Welken der Blätter freigesetzt, können aber toxisch wirken. Wer dann nach solcher Maibowle zumindest Kopfschmerzen verspürt, forsche also bitte selbst: insgesamt zu reichlicher Genuß oder vielleicht nur zuviel Waldmeister? …*

# Reisdessert aus Marokko
# Sharon-Marmelade

REISDESSERT AUS MAROKKO
40 g Rosinen
2–2½ EL Orangenblütenwasser
1 Liter Milch
60 g Milchreis
20 g Reismehl
35 g Speisestärke
60 g brauner Zucker
80 g gemahlene Mandeln
1 EL Zimt zum Bestreuen des Desserts

***Zubereitungszeit:***
*6–8 Minuten*
***Garzeit:** 25–30 Minuten*

SHARON-MARMELADE
4 Sharonfrüchte, Fruchtfleisch netto etwa 300 g
1 Zitrone
150 g Extra-Gelierzucker
½ TL abgeriebene Orangenschale von einer unbehandelten Frucht

***Zubereitungszeit:***
*15 Minuten*
***Kochzeit:** 1 Minute*

***Tip:***
*Sollten Sie keine unbehandelten Orangen bekommen, dann können anstelle der abgeriebenen Orangenschale 2 EL Orangenlikör zugefügt werden.*

REISDESSERT AUS MAROKKO
Die Rosinen in Orangenblütenwasser einlegen. Die Milch zum Kochen bringen und den Reis hineinstreuen, einmal durchheben und abgedeckt bei mäßiger Temperatur ohne umzurühren rund 20 Minuten köcheln lassen, bis der Reis fast gar ist. Reismehl und Speisestärke mit wenig kaltem Wasser verrühren und mit Zucker und Mandeln in den Reis rühren. Nun unter ständigem Rühren fertig kochen. Der Reis sollte gar sein, jedoch noch etwas Biß haben. Vom Herd nehmen und die in Orangenblütenwasser eingelegten Rosinen unterrühren. In eine schöne Schale füllen und mit Zimt bestreut servieren.

SHARON-MARMELADE (unten)
Die Früchte aufschneiden und das Fruchtfleisch mit einem Löffel herausnehmen oder, wenn die Früchte nicht so reif sind, schälen. Die Menge Fruchtfleisch abwiegen, 300 g werden benötigt. Den Saft der Zitrone auspressen. Das Fruchtfleisch mit dem Gelierzucker und der Orangenschale nach Vorschrift etwa 1 Minute kochen. Vom Herd nehmen und mit dem Zitronensaft abschmecken. In ein Glas füllen und sofort verschließen.

*Vielseitig sind Orangen oder Apfelsinen und verwandte Arten als Frucht und als Ausgangsstoff für verschiedene Gewürze. Von unbehandelten Früchten kann man Schale abreiben oder in dünnen Streifen abschneiden, um sie Gebäck, Süßspeisen oder anderen Gerichten als Würze zuzusetzen.*
*Kandierte Orangenschale der Süßorangen kann man als Orangeat in Stücken oder kleinen Würfelchen kaufen. Oft wird Orangeat aber auch aus den Schalen der wesentlich würzigeren und bitteren Pomeranzen hergestellt.*
*Likörhersteller benötigen Orangen und verwandte Zitrusfrüchte im großen Maßstab, Marmeladehersteller ebenso.*
*Und auf das angenehm duftende Orangenblütenwasser greift außer (Hobby-)Köchinnen und Köchen für Rezepte wie hier auch die Kosmetikindustrie gerne zurück.*

# Rare Apfelkonfitüren

KARAMELISIERTE APFELKONFITÜRE
800 g Äpfel
1 unbehandelte Zitrone
40–50 g eingelegter Ingwer
100 g Zucker
¼ Liter Cidre
350 g Extra-Gelierzucker

***Zubereitungszeit:***
*22–25 Minuten*
***Garzeit:** 8–10 Minuten*

***Tip:***
*Eine geschickte Hand beim Rühren ist gefragt: Der Karamel darf nicht zu dunkel werden, da er sonst bitter schmeckt. Und zu heller Karamel kann leicht fade schmecken.*

APFELKONFITÜRE MIT LAVENDEL
15–20 Lavendelblüten
¼ Liter Honigwein
1 kg Äpfel
1–2 Zweige Lavendel

700 g Gelierzucker
Saft von 1 Zitrone

***Zubereitungszeit:***
*15–18 Minuten ohne Ziehen*
***Garzeit:** 13 Minuten*

KARAMELISIERTE APFELKONFITÜRE (links)
Die Äpfel schälen, vom Kernhaus befreien und würfeln. Die Zitrone warm abwaschen und abtrocknen. Die Hälfte der Zitronenschale abreiben. Den Saft der ganzen Zitrone auspressen und die Apfelstücke damit beträufeln. Den Ingwer in kleine Stücke schneiden. Den Zucker in einen Topf geben und unter Rühren sich auflösen bzw. karamelisieren lassen. Mit dem Cidre ablöschen und darauf achten, daß sich der Zucker völlig aufgelöst hat, also keine Klümpchen mehr vorhanden sind. Die Äpfel hineingeben und etwa 5 Minuten köcheln lassen, je nach Sorte der Äpfel. Zitronenschale, eingelegten Ingwer und Gelierzucker zufügen und 3 Minuten kochen lassen. In 3 kleine Gläser füllen und mit Zellophanpapier und Deckel sofort verschließen.

APFELKONFITÜRE MIT LAVENDEL (rechts)
Die Lavendelblüten mit dem Honigwein übergießen, kurz erwärmen und 15 Minuten ziehen lassen. Die Äpfel schälen, entkernen und in kleine Stücke schneiden. Die Lavendelblättchen kleinschneiden. Die Lavendelblüten durchseihen und den Wein erneut mit den Äpfeln aufsetzen. 10 Minuten köcheln lassen, bis die Apfelstücke weich, jedoch nicht ganz zerfallen sind. Gelierzucker, Zitronensaft und Lavendelblättchen zufügen und nach Vorschrift etwa 3 Minuten kochen lassen. In 3 kleine Gläschen abfüllen und mit Zellophan verschließen.

*Die kleinen, hellblauen bis violetten Blüten des Lavendel verströmen den ganzen Sommer und Herbst einen wunderbar herb-süßen, kräftig würzigen Duft. Seit Jahrtausenden wird das erfrischende Aroma der Pflanze als Zusatz zum oder Kosmetikum nach dem Bade geschätzt. Daher auch der Name, der vom lateinischen Wort lavare für waschen herrührt. Lavendelblütenähren in Mandelöl angesetzt, machen daraus ein herrliches Pflegeöl, das nach dem Bad die Haut erfreut. Traditionell frischen Duftkissen mit getrockneten Blüten die Wäsche im Schrank auf. Und in der Küche vor allem in Südfrankreich werden frische und getrocknete Lavendel-Blüten und -Blätter vielseitig eingesetzt: so auch in diesen Konfitüren, die man kaum irgendwo kaufen kann.*

# Kräuteressig Kräuteröl

KRÄUTERESSIG
½ Liter Weißweinessig

1 Zweig Rosmarin
oder
2 Zweige frischer Dill und
2 TL Dillsamen
oder
2 frische Lorbeerblätter
3 abgezogene Knoblauchzehen
1 TL schwarze und weiße Pfefferkörner

KRÄUTERÖL
½ Liter Olivenöl

3 Knoblauchzehen
1 Zweig Rosmarin
schwarze und weiße Pfefferkörner
oder
frische rote Chilischote
1 TL Pimentkörner
3–4 Knoblauchzehen
oder
2 Lorbeerblätter
1 Stück Zitronenschale
2 Thymianzweige
1 TL Pfefferkörner
oder
10–12 Salbeiblätter
oder
1 kleiner frischer Lorbeerzweig
1 TL Gewürznelken
1 TL Pimentkörner
1 TL Wacholderbeeren

KRÄUTERESSIG
Die Kräuter und Gewürze in den Weinessig geben und ziehen lassen.

KRÄUTERÖL
Sämtliche Kräuter müssen gut gewaschen und trocken sein, bevor sie eingelegt werden, da sie sonst leicht Schimmel ansetzen können.

*Zum Abschluß noch einmal ein für den Mittelmeerraum typisches Kraut: Thymian, aus der Familie der Lippenblütler. Der wildwachsende, bis knapp kniehohe Halbstrauch mit rötlichen bis hellvioletten Blüten stammt aus der Levante, also den Küstenländern am östlichen Mittelmeer. Bereits im Altertum kannte man seine konservierenden Eigenschaften. So wurde er – urkundlich bezeugt – zum Einbalsamieren der Pharaonen verwendet. Die Griechen gaben ihm den Namen „thymon" – gleich „Mut". Bis ins Mittelalter glaubte man an seine Mut und Tapferkeit verleihende Wirkung. Adelige Damen nähten Thymianzweige auf das Gewand des erwählten Ritters, wenn er in den Kampf zog.*
*Aus der großen Reihe der Thymianarten sind nur wenige Arten für die Küche geeignet: Das stark würzige Aroma des Echten Thymian oder Quendel geht mit anderen Kräutern der Mittelmeerküche eine ideale Verbindung ein, so im Bouquet garni und den Herbes de Provence. Thymian macht fette Speisen leichter verdaulich, kann bei langen Garzeiten mitgekocht werden, gewinnt dabei gar an Aroma. Getrocknete Zweige sind noch aromatischer. Feld- oder Wilder Thymian wächst als kleiner, kriechender Strauch in Europa, Rußland, sogar Island und Amerika. Sein Aroma ist in südlichen Regionen viel intensiver, würzt bestens ländliche Gerichte wie Ratatouille. Zitronenthymian ist eine Züchtung aus Feldthymian und Echtem Thymian. Mit seinem zitronenartigen Geschmack paßt er gut zu Fisch, Huhn und Eiergerichten sowie zu einigen Obstdesserts.*
*Kümmelthymian schließlich ist eine niedrigwachsende Art aus Sardinien und Korsika, schmeckt nach Kümmel oder Kreuzkümmel und paßt zu Rinderbraten.*

Kräuteressig mit Rosmarin
Kräuteressig mit frischem Dill

**Borretsch** (Foto S. 108)
(Gurkenkraut, Gurkenkönig, Borgel, Blauhimmelstern), bot. *Borago officinalis,* Fam. Boraginaceae – Rauhblattgewächse, engl. barage, franz. bourrache.
Ursprünglich aus Kleinasien, wächst Borretsch heute in allen sonnigen Regionen Mittel- und Südeuropas wild, wird weltweit angebaut. Dank besonders viel Calcium, Kalium und Vitamin C hat er anregende Wirkung.
**Steckbrief:** Einjährig; 50 cm hoch; Stengel fleischig, verzweigt, hohl, behaart; Blätter länglich-oval, groß, behaart; Blüten mit 5 intensiv blauen, sternförmigen Blütenblättern.
**Verwendung:** Blüten, Blätter; junge Blätter zu Gurken-, anderem Salat und Rohkost; wegen der starken Behaarung Stengel und Blätter kurz vorm Untermischen fein hacken, schmecken so besonders in Quark, Joghurt und Saucen, z. B. der Grünen (Frankfurter) Sauce (Rez. s. S. 108).
**Tips:** Borretsch nur frisch verwenden, eignet sich zum Einlegen von Gurken und zum Würzen gekühlter Getränke. Die blauen Blüten verzieren Salate, werden kurz vorm Servieren zugegeben, weil Säure die Farbe auswäscht. Kandierte Blüten bilden schöne Torten- und Kuchengarnitur.
**Für Heilzwecke:** Frischer Salat oder Aufgußtee wirkt blutreinigend, Tee hilft bei Erkältung und Depressionen.
**Anbau, Ernte:** Sät sich stets selbst aus, braucht im Garten einen großen, sandigen, sonnigen Platz. Ernte der Blätter im Frühjahr, der Blüten nach dem Öffnen im Sommer.
**Lagern:** Frisch verwenden, Einfrieren oder Einlegen in Essig oder Öl.

**Brunnenkresse** (Foto S. 42)
(Wasserkresse, Bitterkresse, Wassersenf), bot. *Nasturtium officinale,* Fam. Brassicaceae, Cruciferae – Kreuzblütler, engl. watercress, franz. cresson de fontaine.
Stammt aus Westasien, war bei Römern und Griechen sehr beliebt, wächst schnell, ist an sehr sauberen Quellen, Bächen und Teichen heute weitverbreitet. Mehr dazu auf S. 42 bei dem Rezept „Frühlingssalat mit verlorenen Eiern".
**Verwandte Arten:** Brunnenkresse wird selten erwerbsmäßig angebaut, Ersatz ist Gartenkresse (engl. garden cress, franz. cresson alénois), die ganzjährig angeboten wird.
**Steckbrief:** Brunnenkresse mehrjährig; Blätter der Gartenkresse sind kleiner als der Brunnenkresse, aber viel aromatischer, kräftig-würzig bis scharf, meerrettichähnlich, enthalten viel Vitamin C und Mineralstoffe.
**Verwendung:** Blätter und Stengel nur frisch; geben Salaten, Suppen und feingehackt Brühen und Saucen eine pikante Note.
**Für Heilzwecke:** Blutreinigend, fiebersenkend, hilft bei Verdauungsstörungen und Erkältungskrankheiten; Auflagen bei unreiner Haut.
**Anbau, Ernte:** Gartenkresse auf Humus im Garten, in Töpfen oder Kästen; Ernte schon wenige Wochen nach Aussaat.
**Lagern:** Für kurze Zeit gut feucht gehalten in einem kühlen Raum, nicht im Kühlschrank.

**Chili**
Bot. *Capsicum frutescens,* Fam. Solanaceae – Nachtschattengewächse. In die artenreiche Familie der Solanaceae gehören auch Kartoffeln, Tomaten und Auberginen. Aus der Heimat Mittel- und Südamerika von Kolumbus nach Europa gebracht, wanderte die Pflanze mit den Portugiesen nach Afrika und Südasien. Heute Anbau in Afrika, Asien, Mittel- und Nordamerika. Weiteres Wissenswerte und Küchentips auf S. 116 und 118.

**Steckbrief:** Strauch bis 2 m hoch, Schoten 2–15 cm lang, rund, kegelförmig, spitz, weiß, gelb, grün, orange, rot; wenig Aroma, aber Schärfe von mild bis feurig brennend wegen des Gehalts an Capsaicin.
**Verwendung:** Schoten frisch, unreif: grün, reif: rot, gelb, weiß; getrocknet ganz, zerstoßen, gemahlen, als Cayennepfeffer (s. S. 128) verarbeitete Ware; eingelegt als Konserve ganz oder gehackt; Chillies passen zu allen Speisen, ob kalt oder warm, die scharf sein sollen; unreife, eingelegte Chillies für Salate, Pizzen, Saucen.
**Tips** zum Verarbeiten der Chillies bei dem Rezept „Eier auf mexikanische Art" auf S. 54.
**Für Heilzwecke:** Chillies regen den Kreislauf an, fördern die Verdauung und wirken antibakteriell.
**Lagern:** Frische Schoten in verschlossener Plastiktüte im Gemüsefach des Kühlschranks.

**Curry**
Indische Gewürzmischung aus Ingwer, Kardamom, Koriander, Kurkuma (Gelbwurz), Kreuzkümmel, Muskatblüte, Gewürznelke, Pfeffer und Zimt und je nach Region weiteren Zutaten, fast immer auch mit getrockneten, gemahlenen Chillies. In anderen asiatischen Ländern weitere Varianten, in Thailand z. B. aus Salz, getrockneten Chillies, Knoblauch, Schalotte, Zitronengras, Galangawurzel (Galgant), abgeriebener Limonenschale und einem Teil der Gewürze wie in Indien. – Nachempfundene Mischungen in aller Welt.

**Dill** (Foto S. 58)
(Gurken-, Dill-, Kapernkraut), bot. *Anethum graveolens,* Fam. Apiaceae, Umbelliferae – Doldengewächse, engl. dill, franz. aneth odorant.
Dill wurde schon im Altertum außer zu Heilzwecken intensiv in der Küche gebraucht, stammt aus dem Raum vom Mittelmeer bis Indien, wird heute weltweit angebaut.
**Steckbrief:** Einjährig; bis 80 cm hoch; Stengel schlank, dunkelgrün, hohl; Blätter mehrteilig gefiedert, sehr aromatisch; Blüten in gelben Dolden; Samen gelb bis braun, bitter-aromatisch. Von allen Kräutern außer Basilikum besitzt Dill den höchsten Anteil an wichtigen Mineralstoffen.
**Verwendung:** Zweige frisch, Samen getrocknet; Dill paßt zu vielen sauren Gerichten. Frische Dillspitzen zu Krebs- und Fischgerichten, zu Saucen und Suppen, aber nie mitkochen, sondern ganz oder kleingehackt vor dem Servieren zufügen; Dillsaucen zu Eierspeisen, Geflügel und Kalbfleisch. Das kräftige Eigenaroma reicht alleine aus, Kombination allenfalls mit Petersilie, Zwiebel oder Knoblauch. Zum Würzen wird der aromatische, flach-ovale Samen, ganz oder gemahlen, wie Kümmel verwendet.
**Für Heilzwecke:** Dill wird zur Beruhigung und gegen Darmstörungen empfohlen; Dillsamen zu kauen soll für reinen Atem sorgen.
**Anbau, Ernte:** Dillpflänzchen möglichst jung und klein, im Garten sonnig auf Lehm oder im Topf; ältere Pflanzen vertragen Umzug schlechter; Aussaat bis Juni. Ernte schon nach 6 Wochen. Läßt man die Blütendolden reifen, sät sich Dill problemlos selbst aus.
**Lagern:** Beste Methode ist Einfrieren: Dillspitzen ganz oder gehackt mit Wasser zu Eiswürfeln gefroren.

**Engelwurz**
(Brustwurz, Gartenangelik, Theriakwurzel), bot. *Angelica archangelica* (Archangelica officinalis), Fam. Umbelliferae – Doldengewächse, engl. angelica, franz. angélique.
Ursprünglich aus Skandinavien, kommt die winterharte Pflanze heute wildwachsend als Waldengelwurz (Angelica sylvestris) auch sonst in Mitteleuropa, Asien und Amerika vor, bevorzugt in feuchten Niederungen und an Flußufern. Gewerbsmäßiger Anbau in Belgien, Frankreich, den Niederlanden und Deutschland.
**Steckbrief:** Mehrjährig, 1–2,5 m hoch; Blätter groß, dreiteilig, fein verzahnt; Blüten klein, gelbgrün, in großen schirmförmigen Dolden; Stengel gerillt, hohl, nach unten rot, nach oben grün; Wurzeln fleischig, dick, Gewicht von über 1 kg. Aroma der jungen Blätter süßwürzig, später zunehmend bitter und scharf; Aroma der ganzen Pflanze süß, ähnlich wie Muskat oder Wacholder.
**Verwendung:** Wurzel, Stengel, Blätter, Samen; frische Blätter blanchiert für Salate, Obstdesserts, aber auch als Würze zu Fischsud. Die süßlichen Stengel, bei Rhabarber oder anderen säuerlichen Früchten mitgekocht, mildern die Säure und helfen, den Zuckerbedarf zu reduzieren.
**Für Heilzwecke:** Tee aus frischen oder getrockneten Blättern bei Erkältung oder Bronchitis, regt Appetit und Verdauung an. Diabetiker sollten Engelwurz meiden.
**Anbau, Ernte:** Aussaat im Frühherbst auf tiefem Boden (feuchten Wiesen) im Halbschatten, Ernte der Stengel und Blätter – mit Handschuhen, Saft reizt die Haut! – von Juni bis August, der Wurzeln im Spätherbst. **Vorsicht,** wilder Engelwurz kann leicht mit dem giftigen Schierling verwechselt werden!

**Estragon** (Foto S. 52)
(Dragon, Schlangenkraut, Bertram, Kaiserkraut), bot. *Artemisia dracunculus,* Fam. Asteraceae, Compositae – Korbblütler; engl. tarragon, franz. estragon, herbe dragonne.
Aus der ursprünglichen Heimat – Rußland bis Kleinasien – wohl von den Kreuzfahrern nach Mitteleuropa mitgebracht, konnte Estragon sich aufgrund seines feinen, leicht süßlichen, an Anis anklingenden Aromas sehr schnell durchsetzen. Heute wird er vorwiegend in Italien (Toskana) und Frankreich, aber auch weltweit angebaut. Französischer Estragon ist Bestandteil der Kräutermischung Fines herbes.
**Verwandte Arten:** 2 Formen, Echter Französischer Estragon – var. sativa (auch Deutscher Estragon) und Russischer (oder Sibirischer) Estragon – Artemisia dracunculoides. Dieser ist robuster, hat eher herben, bitteren Geschmack und schmalere, behaarte, nicht so dunkelgrüne Blätter wie Französischer Estragon.
**Steckbrief:** Mehrjährig; bis 1 m hoch, Umfang bis 40 cm; Blätter schmal, dunkelgrün, Spitzen dreigeteilt; Blüten grünlich unscheinbar, öffnen sich nur in warmen Regionen; sehr intensives, eigenständiges Aroma.
**Verwendung:** Estragonessig und ganz frische Blätter oder Triebspitzen, besonders die des Französischen Estragon, prägen feine Saucen, z. B. Sauce béarnaise oder Sauce tartare. Zu Eier-, Fisch-, Pilz- und Geflügelgerichten paßt Estragon ausgezeichnet, ist Bestandteil in Senf und Kräuteressig.
**Tips** zu Estragon und seiner vielseitigen Verwendung finden sich auch bei dem Rezept S. 52 „Spargel mit ...".
**Für Heilzwecke:** appetitanregend, verdauungsfördernd, harntreibend.
**Anbau, Ernte:** Estragon braucht im Garten nur Sandboden, viel Sonne und Feuchtigkeit, ist eine gute Topfpflanze. Er bildet in kälteren Regionen kaum Samen, muß im Herbst zurückgeschnitten und mit Laub oder Tannenzweigen abgedeckt werden. Die Wurzelausläufer des Estragon können im Frühling zur Vermehrung genutzt werden, Ernte im Sommer.
**Lagern:** Die getrockneten Blätter möglichst kühl und luftdicht in Gläsern aufbewahren; Einlegen in Essig oder Öl; bester Aromaerhalt durch Einfrieren.

**Fenchel**
(Gewürzfenchel, Fenikel), bot. *Foeniculum vulgare,* Fam. Apiaceae, Umbelliferae – Doldengewächse, engl. fennel, franz. fenouil, aneth doux.
Eine uralte Kulturpflanze: bei Ägyptern, Griechen und Römern, als Kraut, Gewürz, Gemüse und wohl auch Medizin. Bestandteil des Fünf-Gewürze-Pulvers in China. Verschiedene Sorten – unterschiedlicher Geschmack: Wilder Fenchel leicht bitter, weniger nach Anis – Anbau dieser Sorte mehr in Mitteleuropa und Rußland; Anbau der süßeren Sorte (mit Anisaroma) in Italien, Griechenland und Frankreich.
**Verwandte Art:** Gemüsefenchel, einjährig.
**Steckbrief:** Mehrjährig, 1–2 m hoch, Umfang 60 cm; Wurzeln lang, rübenartig-vielköpfig; Stengel gerillt; Blätter gefiedert fadengleich, blaugrün; Blüten gelb, traubenartig; Samen hellgrün bis -braun, flach-oval; leichtes Anisaroma.
**Verwendung:** Gesamte Pflanze frisch und getrocknet; im Mittelmeerraum werden Fenchelblüten und -samen v. a. zum Kochen und Grillen von Fisch, Meeresfrüchten, Fischbrühe, Saucen, Suppen, aber auch zu Salaten verwendet. Weitere Anwendung siehe S. 106 bei dem Rezept Gewürzgurken. Streifen von gekochten Fenchelknollen passen zu verschiedenen Salaten.
**Für Heilzwecke:** Anteil ätherischer Öle macht Kohlgerichte verträglicher, beruhigt im Fencheltee, wirkt mit Anis und Kümmel gut auf die Atemwege.
**Anbau, Ernte:** Aussaat im Frühjahr, sandiger oder steiniger, trockener Boden, sonniger Platz, Abstand zu Dill, sonst gegenseitige Bestäubung mit Hybridbildung. Ernte der Stengel den ganzen Sommer, der Wurzeln im Herbst.
**Lagern:** Frische Blätter kurze Zeit abgedeckt im Kühlschrank; auch gehackt und eingefroren; sonst getrocknet.

**Galgant** (Rezeptfoto S. 79)
(Galangawurzel, Thai-Ingwer, Siam-Ingwer), bot. Kleiner (Echter) Galgant – *Alpinia officinarium*, Großer Galgant – *Alpinia galanga,* Fam. Zingiberaceae – Ingwergewächse. Kleiner (Echter) Galgant heißt in Indonesien Kencur, in Thailand Kachai; Großer Galgant in China Liang-tiang, in Indonesien Laos, in Thailand Galangal oder Khaa, in Malaysia Lengkuas. Im Handel können alle Namen auftauchen.
Aus der ursprünglichen Heimat Südostasien ins alte Ägypten importiert, dort als Desinfektionsmittel genutzt, kam die Wurzel im Mittelalter nach Europa, wurde Gewürz und Heilmittel. Der Kleine (Echte) Galgant stammt aus Südchina, der Große Galgant aus Indonesien, dort und in

Südostasien heute Anbau beider Arten. In der Thai-Küche ersetzt Galgant teilweise den Ingwer.
**Steckbrief:** 1–2 m hoch; Blüten grünlich-weiß mit roten Streifen; Blätter lang, schwertähnlich; Wurzeln der kleinen Art knorrig, angenehm aromatisch (ähnlich Kardamom und Ingwer), der großen Art fingerartige Büschel mit weniger Aroma und Schärfe, Geschmack wie Ingwer und Pfeffer.
**Verwendung:** Wurzeln frisch in Scheiben geschnitten oder geraspelt, getrocknet und gemahlen; beide Arten werden immer gegart, würzen Suppen, Eintöpfe und Currygerichte sowie Gemüse, Fisch, Meeresfrüchte und Fleisch. Großer Galgant wichtig in der thailändischen Currypaste, Kleiner Galgant in Bittergetränken und Likören, in Skandinavien und Rußland Würze zum Bier.
**Tips** zur Küchenpraxis auch bei dem Rezept „Thailändische Fischsuppe" auf S. 78.
**Für Heilzwecke:** Galgant wirkt appetitanregend, ist gutes Magenmittel, ergibt gemahlen mit Limonensaft wohltuendes Tonikum.

**Gewürznelke**
(Nägelein, Nelkenkopf), bot. *Syzygium aromaticum,* Fam. Myrtaceae – Myrtengewächse, engl. clove, franz. clou de girofle.
Die getrockneten Blütenknospen des tropischen Nelkenbaums – Heimat Molukken – dienen seit Jahrtausenden als Gewürz. Hauptanbaugebiete sind heute Indonesien, Madagaskar, Tansania, Malaysia und Sri Lanka. Weitere Angaben und Küchentips im Rezept S. 112 „Steinpilz-Tomaten-Sauce".
**Steckbrief:** 10–15 m hoch; nach 20 Jahren erste volle Ernte; Blüten gelb in Dolden, werden als unreife rote Knospen zweimal im Jahr geerntet; Knospen bestehen aus vierkantigem Fruchtknoten, der nach unten in dünnen Stiel ausläuft. Aroma beißend scharf, bitter.
**Verwendung:** Blütenknospen getrocknet, ganz oder gemahlen; für Schmorgerichte mit Schweine-, Rind-, Lammfleisch, Wild, Enten, Gans, Schinken, Gemüsegerichte; mit Nelken bespickte Zwiebeln für Fleischgerichte mit langen Garzeiten wie Pot au feu, Daube, Hülsenfrüchte, indische Reisgerichte, Bratapfel, Kompott, Marinaden, Chutneys, Gewürzkuchen, Früchtekuchen, Glühwein.
**Tips:** Sparsam dosieren, die Schärfe wird durch Kochen wenig gemildert. Gemahlene Nelken verlieren schnell ihr Aroma.
**Für Heilzwecke:** appetitanregend, verdauungsfördernd, durchblutungsfördernd.
**Lagern:** Ganze Nelken halten sich gut verschlossen und dunkel gelagert etwa 2 Jahre. Beim Kauf läßt sich die Frische durch Druck auf den Stiel feststellen – es muß ein Öltröpfchen austreten.

**Ingwer** (Rezeptfoto S. 105)
(Immerwurzel, Schnapswurzel), bot. *Zingiber officinale,* Fam. Zingiberaceae – Ingwergewächse, engl. ginger, franz. gingembre.
Die Wurzelknollen der Gewürzlilie werden seit mehr als 3 000 Jahren in den Tropen Südostasiens, kürzer in Indien angebaut. Wächst heute überall in den Tropen, Ingwer aus Jamaika und Indien mit Zitronengeschmack gelten als die besten, Ingwer aus Westafrika ist der schärfste.
**Steckbrief:** Bis 1 m hoch, schilfartige Staude mit spitzen, schmalen Blättern und rötlichen Blüten an hohen Stengeln; von unterirdischen knollenartigen Rhizomen, die sich horizontal weiter ausbreiten, gehen weitverzweigte Wurzeln ab. Das Aroma von frischem Ingwer ist rein, frisch, scharf.
**Verwendung:** Frisch ganze Stücke; getrocknet Stücke, Scheiben, Pulver; auch in Essig eingelegt, als Sirup und kandiert. Ingwer ist Bestandteil von Curry und anderen Gewürzmischungen; paßt gut zu sehr vielen Gerichten, zu Suppen, Saucen, Fisch-, Fleisch-, Geflügel-, Gemüsegerichten, Pickles, Obstsalaten, Kompott, Konfitüren, Puddings, Gebäck, Glühwein, Ingwerbier und anderen Getränken. **Tips** zur Küchenpraxis im Rezept „Mango-Dessert" auf S. 160.
**Für Heilzwecke:** Verdauungsfördernd, hilft bei Reisekrankheit, Schwangerschaft und Übelkeit; Tee wärmt und belebt den Kreislauf.
**Lagern:** Frische Knollen eingeschlagen oder gut verpackt im Gemüsefach des Kühlschranks mehrere Wochen. Getrockneter Ingwer fest verschlossen, kühl und dunkel; in Essig eingelegt im Kühlschrank; als Sirup oder kandierte Stücke in der Originalverpackung dunkel und kühl.

**Kapern** (Bild S. 110)
bot. *Capparis spinosa,* Fam. Capparaceae – Kapperngewächse, engl. capers, franz. câpres.
Grüne, noch geschlossene Blütenknospen werden in der Mittelmeerregion vom dort gewerbsmäßig angebauten Kapernstrauch gepflückt und in Essig oder Öl eingelegt oder besser eingesalzen konserviert. Wissenswertes steht auch auf S. 110 bei dem Rezept „Teufelsremoulade".
**Steckbrief:** Dorniger Kapernstrauch, bis 1 m hoch; Zweige mit dicken, glänzenden Blättern bis 4 m lang; Kapernknospen oliv bis dunkelgrün, gestielt, Ernte im Juni, bevor sie zu eintägigen, hübschen Blüten aufbrechen. Aroma herb-würzig, scharf, erst durch das Einsalzen voll entfaltet.
**Verwendung:** Kapern – eingelegt in Essig, Öl, Salz – würzen Fisch, zartes Fleisch wie Lamm, Kalb, Kaninchen, Geflügel, helle Saucen warm oder kalt; auch Frikadellen, Königsberger Klopse, Kartoffelsalat und hartgekochte Eier. Kapernfrüchte können auf kaltem Büffet Oliven ersetzen.
**Tip:** Kapern nicht mitkochen.
**Für Heilzwecke:** Inhaltsstoffe wirken anregend, verdauungsfördernd; Heilmittel bei Milzerkrankungen.
**Lagern:** Immer gut verschlossen und mit Flüssigkeit bedeckt, kein Öl oder Essig nachgießen.

**Kardamom** (Foto S. 6 links unter Knoblauch)
bot. *Elettaria cardamomum,* Fam. Zingiberaceae – Ingwergewächse, engl. cardamoms, franz. cardamome.
Kardamom, eines der ältesten Gewürze, ist in den hochgelegenen Regenwäldern Südindiens – grüner K. von dort ist der beste – und auf Sri Lanka beheimatet. Heute wird er dort und in Guatemala, Tansania, Vietnam und Papua-Neuguinea angebaut. Die Fruchtschoten der Schilfpflanze mit ihren Samen werden unreif von Hand gepflückt, gewaschen und getrocknet.
**Verwandte Arten:** Größere Schoten von Braunem Kardamom, Amomum und Afromomum mit gröberem Geschmack werden als billiger Ersatz gehandelt, Samen des äthiopischen Afromomum melegueta als Paradieskörner.
**Steckbrief:** Pflanze bis über 2 m hoch; Blätter schmal-lang, grün mit weiß-lila-farbenen Spitzen; Fruchtkapseln bis 10 mm lang, enthalten 12–20 dunkelbraune oder schwarze klebrige Samen; Aroma intensiv, etwas an Zitronen erinnernd.
**Verwendung:** Kapseln ganz, getrocknet, Samen getrocknet, gemahlen. Zum Würzen von süßen und salzigen Gerichten.

Die Schoten sind nicht eßbar. In Indien ist Kardamomsamen Bestandteil von Garam Masala und Currypulver. Weiterer Einsatz: in „Kardamom-Kaffee“ (Rez. S. 148), in Obstsalaten, Puddings, Backwaren, Weihnachtsgebäck, in Tee, Glühwein und Punsch.
**Tips:** Beim Einkauf geschlossene Kapseln bevorzugen, denn bereits geöffnete haben mit den ätherischen Ölen schon das Aroma auch schon teilweise verloren. Werden die Samen kurz vor der Verwendung trocken in einer Pfanne leicht geröstet, erhöht sich das Aroma erheblich. Kauen einiger Samen erfrischt den Geschmack im Mund.
**Für Heilzwecke:** Kardamomauszug gegen Blähungen und Magenbeschwerden.

**Kerbel**
(Suppen-, Körbel-, Küchenkraut) bot. *Anthriscus cerefolium,* Fam. Apiaceae, Umbelliferae – Doldengewächse, engl. garden chervil, franz. cerfeuil.
Gartenkerbel ist eng verwandt mit Petersilie, jedoch feiner im Geschmack. In Kleinasien, Südrußland und im Kaukasus beheimatet, kommt er heute in ganz Europa vor, wird vor allem in Frankreich und Belgien angebaut, da Bestandteil der Fines herbes, aber auch der Frankfurter Sauce.
**Steckbrief:** Einjährig, bis 60 cm hoch, Umfang etwa 20 cm, Stengel hohl, leicht behaart; Blätter dreifach gefiedert, weich, Oberseite kahl, Unterseite leicht behaart; Blüten klein, weiß, flachköpfige Trauben in Dolden. Geschmack süßlich frisch, leichtes Anisaroma; enthält viel Vitamin C, Carotin, Eisen und Magnesium.
**Verwendung:** Frische Blätter, junge feine Stengel, Blütendolden, solange Blüten noch geschlossen sind; typisches Frühjahrskraut, zu Salaten, Suppen, Gemüse, Fisch, Lamm, Kalb und Geflügel sowie Obstsalaten, Aperitifs auf Buttermilch- oder Joghurt-Basis.
**Tips:** Frische Blätter und Stengel, noch vor der Blüte geschnitten, entwickeln das intensivste Aroma und werden besser erst nach Garende den Speisen zugegeben oder feingehackt vor dem Servieren darüber gestreut. Gartenkerbel ist für eine Frühjahrskur bestens zu empfehlen.
**Für Heilzwecke:** Kerbeltee wirkt appetitanregend, blutreinigend, verdauungsfördernd und regt den Kreislauf an.
**Anbau, Ernte:** Etwa ab März in Folgesaaten alle 2 Wochen im Halbschatten auf feuchtem Lehmboden sichert stets frisches Kraut. Letzte Saat im September sorgt dafür, daß schon im März darauf wieder geerntet werden kann.
**Lagern:** Trocknen für den Wintervorrat ist zwecklos, auch Einfrieren kein vollwertiger Ersatz.

**Knoblauch**
(Knofel, Stinkerzwiebel, Liebeswurz), bot. *Allium sativum,* Fam. Liliaceae – Liliengewächse, engl. garlic, franz. ail.
Eine der ältesten Kulturpflanzen, als Gewürz und zu Heilzwecken sehr geschätzt. Ursprünglich aus Zentralasien, Indien stammend, wird er heute weltweit angebaut.
**Verwandte Arten:** Perlknoblauch, Weinberglauch – Allium vineale, wächst in Weinbergen Mittel- und Südeuropas. Bärlauch – Allium ursinum, Waldknoblauch, Wilder Knoblauch wächst in Laubwäldern.
**Steckbrief:** Bis 70 cm hoch; Blätter flach, spitz zulaufend; Blüten weiß; Zwiebelknolle aus mehreren Zehen bestehend, umgeben von Schalen; Aroma: intensiv und scharf.
**Verwendung:** Frischer weißer Knoblauch, zu erkennen an den grünen Stielansätzen. Frischer roter Knoblauch wird geerntet und angeboten vom Frühjahr bis zum Sommer. Getrockneter Knoblauch, rosa oder weiß; geräucherter Knoblauch. Paßt als Universalgewürz zu vielen Speisen, zu Fisch, Fleisch, Saucen und Gemüse.
**Tips:** Knoblauch in kleinen Mengen hebt den Eigengeschmack. Oft genügt das Ausreiben der Schüssel. Geschälte frische Zehen können ganz mitgekocht werden; beim Braten Knoblauch nur hellbraun werden lassen, zu dunkel schmeckt er bitter. Das Trinken von Rotwein mildert den Knoblauchgeruch im Atem, ebenso das Kauen frischer Petersilie nach dem Essen. Frischer und getrockneter Knoblauch sollte sich fest anfühlen.
**Für Heilzwecke:** Inhaltsstoffe sind schwefelhaltiges, ätherisches Öl, Vitamine A, B, C und antibakterielle Wirkstoffe: desinfizierend, verdauungsfördernd, senken Blutdruck und Cholesterinspiegel, helfen bei Erkältung und Nierenerkrankung, wirken entgiftend, schwermetallausschwemmend.
**Lagern:** Frischer Knoblauch kühl – nicht im Kühlschrank – und trocken. Getrockneter Knoblauch hält sich an einem kühlen, trockenen, dunklen Ort mehrere Monate.

**Koriander**
(Chinesische Petersilie, Wanzenkraut, Korianderkraut, Blattkoriander), bot. *Coriandrum sativum,* Fam. Apiaceae, Umbelliferae – Doldengewächse, engl. coriander, chinese parsley, franz. coriandre, punaise mâle, chinesisch Yin sai, spanisch cilantro.

Korianderkraut stammt aus dem Vorderen Orient, kommt heute in Europa, Asien und Amerika vor. Man könnte die Blätter mit Petersilie verwechseln, der Geschmack ist aber ganz anders.
**Steckbrief:** Einjährig; bis 60 cm hoch, Umfang etwa 20 cm; Wurzeln hellbraun, karottenartig; Stengel stark verzweigt, dünn, weich; Blüten klein, in Dolden, weiß bis hellviolett: Blätter dreilappig; Samen kugelig, hellbraun. Die ganze Pflanze ist stark aromatisch.
**Verwendung:** Blätter und Stengel nur frisch, kann wie Petersilie für Salate, Suppen, Eintöpfe und Saucen verwendet werden. Wurzeln für viele asiatische Gerichte, können mitgekocht werden. Samen würzen Tomatenpaste, einige Gemüsegerichte wie Ratatouille, Currygerichte, Suppen, aber auch Apfelkuchen. Koriander gehört wie Anis, Fenchel und Kümmel zu den Brotgewürzen und in Lebkuchen.
**Tips:** Blätter und Stengel immer frisch verwenden und nie mitkochen, sparsam dosieren.
**Für Heilzwecke:** Anregende, verdauungsfördernde, krampflösende, nervenberuhigende Wirkung; die Samen zerkauen oder als Teeaufguß verwenden.
**Anbau, Ernte:** Ohne große Ansprüche sonnig auf Sand im Garten oder in Kästen; im Frühjahr und Sommer in Folgesaaten anpflanzen, dann hat man stets frische Blätter zur Hand.
**Lagern:** Ganze Pflanzen mit Wurzel in ein Wasserglas gestellt oder Pflanzenteile in feuchtes Papier eingeschlagen im Kühlschrank halten einige Tage frisch; Trocknen ist zwecklos.

**Kreuzkümmel**
(Kumin, Hafer-, Mutter-, Pfeffer-, Stachelkümmel, Welscher K., Römischer Kümmel), bot. *Cuminum cyminum,* Fam. Umbelliferae – Doldengewächse, engl. cumin, franz. cumin, faux anis.
Kreuzkümmel ist zwar mit Kümmel verwandt, geschmacklich jedoch sehr von diesem verschieden. Ursprünglich aus dem Niltal stammend, verbreitete er sich bald über Nordafrika, Kleinasien, Zentral- und Südostasien und über Spanien in die Neue Welt.
**Steckbrief:** Einjährig; 30–50 cm hoch; Blätter doppelt gefiedert; Blüten weiß oder rot in Dolden; Samen grau bis braun; Aroma recht stark, säuerlich bis süßlich, leicht bitter.
**Verwendung:** Samen ganz oder gemahlen. Gemahlener Kreuzkümmel mit Korianderblättern kennzeichnet den Geruch vieler indischer Gerichte, ist Zutat verschiedener Gewürzmischungen wie Garam Masala, Currypulver und paßt zu Pickles und Salaten. In Nordafrika gehört er zu Ras el hanout, würzt Couscousgerichte, im Nahen Osten und in Kleinasien zu Hackfleisch- und Gemüsegerichten sowie Hülsenfrüchten. Darf in mexikanischen Gerichten wie Chili con carne nicht fehlen, ist in Europa Zutat zu einigen Käsesorten.
**Tips:** Kreuzkümmel ganz oder gemahlen kann, um den Geschmack zu erhöhen, vor der Verwendung in einer trockenen Pfanne leicht geröstet werden. Bei Rezepten aus südlichen Ländern ist mit Kümmel meist Kreuzkümmel gemeint. Stets ganze Samen kaufen und bei Bedarf selber mahlen.
**Für Heilzwecke:** Kreuzkümmel hilft bei Blähungen und Verdauungsstörungen.

**Kümmel**
(Karbei, Wiesen-, Feld-, Fischkümmel, Chümi), bot. *Carum carvi,* Fam. Umbelliferae, Apiaceae – Doldengewächse, engl. caraway, franz. carvi, cumin.
Möglich, daß Kümmel bereits in der Steinzeit genutzt wurde. Wildwachsend ist er in allen gemäßigten Zonen Asiens und Europas zu Hause, wird heute vor allem in Mittel- und Osteuropa, der Türkei, in Nordafrika und Nordamerika kultiviert.
**Verwandte Arten:** Anis, Dill, Engelwurz, Kerbel, Koriander, Kreuzkümmel, Liebstöckel, Petersilie, Sellerie.
**Steckbrief:** Zweijährig, winterfest; etwa 80 cm hoch; Blätter hellgrün, gefiedert, mildes Aroma; Blütenstände weiß-rosa, in Dolden; Samen sichelförmig, braun, mit hellen Rippen; Aroma angenehm würzig, süßlich, ähnlich Anis; Inhaltsstoffe: bis zu 6 % ätherische Öle, Eiweiß, Kohlenhydrate, Gerbstoffe, Fettsäuren, Kieselsäuren, Harze.
**Verwendung:** Samen getrocknet, ganz, gemahlen; Blätter frisch; Pfahlwurzeln frisch. Junge Blätter feingehackt an Salate oder andere Gerichte, die sonst mit Petersilie gewürzt werden. Samen ganz oder gemahlen zu Gemüsegerichten wie Kohl, Kartoffeln, Karotten, Pilzen. Kümmel paßt besonders gut zu fettem Fleisch wie Schwein, Ente, Gans; ferner zum Würzen von Brot, Kuchen, Käse und Quark. Die Pfahlwurzel kann gekocht oder gebacken als Gemüse bereitet werden.
**Tips:** Kümmelsamen verstärkt den Eigengeschmack vieler Gemüse. Kümmel am besten kurz vor der Verwendung mahlen oder im Mörser zerstoßen.
**Für Heilzwecke:** Appetitanregend, verdauungsfördernd, krampflösend. Kümmelmilch hilft bei Husten und Blähungen, ebenso Kümmeltee.
**Anbau, Ernte:** Eigenanbau auf leichtem Lehmboden ist zwar problemlos, da Kümmel ein Nichtkeimer und sehr robust ist, aber Samen von guter Qualität sind das ganze Jahr über preiswert erhältlich; Dolden den ganzen Sommer über, sobald die Frucht reif ist. Die Samen werden ausgedroschen und getrocknet.
**Lagern:** Samen, ganz oder gemahlen, luftdicht verschlossen und dunkel. Blätter und Wurzeln in Folie eingeschlagen kurzfristig im Kühlschrank.

**Kurkuma**

(Gelb-, Gilbwurz, chinesische Wurzel, indischer Safran, gelber Ingwer, Koenjit, Turmerik), bot. *Curcuma longa,* Fam. Zingiberaceae – Ingwergewächse, engl. turmeric, franz. curcuma, safran des Indes.
Kurkuma wird seit alters in Ostasien kultiviert, zunächst vor allem wegen seines Farbstoffs, dann aber auch zum Würzen. Hauptproduzent ist Indien, Anbau auch in Indonesien, China, Bangladesch, der Karibik und Südamerika.
**Steckbrief:** Etwa 1 m hoch; Blätter groß, lilienartig; Blüten zartgelb in Ähren; Wurzeln/Rhizome dick, fingerartig, mit mehreren Auswüchsen, hellbraune Rinde, hell orangefarbenes Fleisch; Inhaltsstoffe neben Kurkumin (gelber Farbträger) etwa 5 % ätherische Öle; Aroma leicht pfeffrig, mit einem Hauch von Orange und Ingwer, Geschmack scharf, bitter, moschusartig.
**Verwendung:** Ganze Rhizome frisch und getrocknet; Pulver; wichtiges Gewürz vieler asiatischer Gerichte, v. a. der indischen vegetarischen Küche: Bestandteil in Currypulver, Worcestershire-Sauce, Pickles, englischem Senfgemüse, Chutneys, Reis und Pilaw, Kedgeree. Kurkuma paßt zu Fisch und Meeresfrüchten, zu Fleisch und Geflügel.
**Tips:** Beim Kauf auf die Farbe achten: je intensiver, desto besser. Kurkuma ist sehr lichtempfindlich; Kurkuma-Flecken in Tischwäsche lassen sich viel besser ausbleichen als -waschen.
**Für Heilzwecke:** Gilt als Heilmittel bei Leberleiden, Bestandteil von Hautsalben.
**Lagern:** In Küchenpapier oder Plastikfolie eingeschlagene frische Wurzeln halten sich wochenlang im Gemüsefach des Kühlschranks; Pulver luftdicht verschlossen und dunkel.

**Lavendel**
Bot. *Lavandula angustifolia* (officinalis), Fam. Lamiaceae, Libiatae – Lippenblütler, engl. lavender, franz. lavande.
In den westlichen Küstenregionen des Mittelmeers beheimatet, wird Lavendel heute vorwiegend in Südfrankreich, in Spanien, Albanien und Ungarn angebaut. Seit Jahrtausenden als Badezusatz geschätzt. Mehr dazu auf S. 168.
**Steckbrief:** Mehrjährig; 60 cm hoch, Umfang 20 cm und mehr; Stengel grün, kantig, im zweiten Jahr verholzend; Blätter graugrün, schlank, aromatisch; Blüten hellblau bis violett, aromatisch; Blütenstände bis 20 cm lang; Aroma: herbwürzig.

**Verwendung:** Blüten, Blätter, frisch und getrocknet. Besonders in der südfranzösischen Küche werden Blüten und Blätter zum Würzen von Gemüse und Fisch und in Form der Herbes de Provence zu Grillfleisch und Geflügel verwendet. Einige Zweige, auf die Glut gelegt, erzeugen einen wunderbaren Duft.
**Für Heilzwecke:** Tee aus Blüten lindert Kopfschmerzen, beruhigt die Nerven.
**Anbau, Ernte:** Jungpflanzen im Frühjahr in den Kräutergarten an einen sonnigen Platz. Die Blüten werden im Sommer geerntet, jedoch für die Küche, bevor sie sich öffnen. Sollten aber Lavendelzweige getrocknet werden, schneidet man sie am besten nach der Blüte. Damit die Büsche im nächsten Frühjahr wieder austreiben, schneidet man sie am besten im Herbst kurz.

**Liebstöckel**
(Maggikraut, Sauerstockkraut, Badekraut, Labstock, Leberstock, Großer Eppich), bot. *Levisticum officinale,* Fam. Apiaceae, Umbelliferae – Doldengewächse, engl. lovage, franz. livèche.
Liebstöckel stammt aus der Region Iran–Afghanistan, wächst schnell, wird hoch und breit, wird seit langem in ganz Europa angebaut, hat intensives Aroma. Daher beim Würzen zurückhaltend dosieren.
**Steckbrief:** Mehrjährig; über 2 m hoch; Umfang bis 80 cm; Wurzel graubraun, kräftig, fleischig verzweigt, aromatisch; Blätter bis dreifach gefiedert, dunkelgrün, glänzend, aromatisch; Stengel rund, hohl, grün bis rot; Blüten klein, blaß grüngelb, in Dolden; Samen braun, elliptisch, sehr aromatisch. Vitamingehalt sehr hoch.
**Verwendung:** Ganze Pflanze frisch oder getrocknet. Liebstöckel paßt gut zu deftiger Hausmannskost wie Suppen und Eintöpfen. Zweige und Blätter werden mitgekocht, vertragen lange Garzeiten. Zarte frische Blätter dagegen werden feingehackt erst vor dem Servieren zugefügt. Liebstöckel unterstreicht das Fleischaroma und kann in der Diätküche das Salz ersetzen. Die intensiv aromatischen Wurzeln werden in Italien geschält und gekocht als Gemüse zubereitet. Die Samen ganz oder gemahlen geben Gebäck eine besondere Note, oder sie werden über Salate, Reis und Kartoffelpüree gestreut.
**Für Heilzwecke:** Tee wirkt harntreibend und hilft bei Magen- und Verdauungsbeschwerden.
**Anbau, Ernte:** Im Garten benötigt Liebstöckel sehr viel Platz, auf genügend feuchtem Lehmboden mit Sonne. Dabei genügt für eine Familie schon eine einzige Pflanze. Sie ist robust und anspruchslos in der Pflege. Wurzelstecklinge mit einem Trieb lassen sich im Frühjahr weiterverpflanzen.
**Lagern:** Getrocknete Blätter und Samen luftdicht verschlossen in Gläsern dunkel und kühl, frische Blätter eingefroren.

**Lorbeer** (Rezeptfoto S. 141)
(Suppenblätter), bot. *Laurus nobilis,* Lauraceae – Lorbeergewächse, engl. bay, sweet bay, laurel, franz. laurier.
Lorbeerbaum ist Charakterbaum im Mittelmeerraum und in Kleinasien. Genaueres dazu und zur Küchenpraxis auch auf S. 140 beim Rezept „Rebhuhn mallorquinische Art". Heute Plantagenanbau .
**Steckbrief:** Strauch/Baum; bis 10 m hoch; Blätter: dunkelgrün oval mit gewelltem Rand, Beerenfrüchte violettschwarz.
**Verwendung:** Blätter frisch, getrocknet, Beerenfrüchte. Als Gewürz weltweit verbreitet, ist Lorbeer typisch für Mittelmeer- und französische Rezepte, zum Beispiel im Bouquet garni zum Verfeinern von Suppen und Saucen. Außerdem Bestandteil von Marinaden und Bouillons, paßt gut zu Suppen, Eintöpfen, Braten und Sauergemüsen.
**Tips:** Lorbeerblätter geben langsam ihr Aroma ab, vertragen lange Garzeit. Vor dem Servieren werden die ausgelaugten Blätter entfernt. Frische oder getrocknete Blätter, einige Tage in Olivenöl eingelegt, geben ihr Aroma an das Öl ab, das in Italien als Salatöl sehr geschätzt ist. Beim Einkauf auf die grüne Farbe der Blätter achten, braungelbe sind schon zu alt. In den Anbauländern wird aus den violettschwarzen reifen Beeren Öl gewonnen, aus dem ein Likör bereitet wird. Einige im Vorratsschrank ausgelegte Blätter halten Insekten, vor allem Samenkäfer, fern.
**Für Heilzwecke:** Lorbeer regt den Appetit an. Ein Teeaufguß lindert Magen- und Nierenbeschwerden.
**Achtung!** Mit Ausnahme von Laurus nobilis sind alle anderen Lorbeerarten giftig.

**Majoran (1) und Oregano (2)**

(Mairan, Blutwürze, Kuttel-, Margran-, Wurst- und Bratenkraut, 1; Wilder Majoran, Dost, Bergmajoran, 2), bot. *Origanum majorana, Majorana hortensis,* 1; *Origanum vulgare,* 2; Fam. Lamiaceae, Labiatae – Lippenblütler, engl. marjoram, sweet marjoram, 1; oregan, wild marjoram, 2; franz. marjolaine, 1; origan, marjolaine sauvage, 2.
Ursprünglich zu Hause von Südostasien bis zum Mittelmeer, überzieht Wilder Majoran/Oregano in den Mittelmeerländern karge Berghänge und erfüllt die Luft mit seinem herbsüßen Duft. Majoran wird heute auch weiter nördlich einjährig gezogen.
**Verwandte Arten:** Kreta-Majoran – Origanum dictamnus, Griechischer Oregano – Origanum heracleoticum.
**Steckbrief:** Mehrjährig und einjährig; 50 cm hoch, 30 cm Umfang; Stengel vierkantig, verholzt, behaart; Blätter eiförmig, filzig behaart; Blüten violett, in Doldenrispen; Aroma würzig, etwas bitter; Oregano besitzt schärferes Aroma.
**Verwendung:** Blätter, Blüten, frisch und getrocknet, auch Triebspitzen. Majoran aktiviert die Magensäfte, würzt daher in Verbindung mit Knoblauch und Zwiebeln Deftiges, Fettes wie Schweinebauch, Wurst, Innereien, Gulasch, aber auch Gemüse, Eintöpfe und Salate. Oregano gehört in Italien an jede Pizza und Sauce, ist in Mexiko Teil des Chilipulvers. Majoran oder Oregano nicht lange mitkochen, das Aroma verliert sich sonst.
**Tips** zur Küchenpraxis siehe S. 94 bei dem Rezept Apfel-Lauch-Kuchen.
**Für Heilzwecke:** Tee aus Blüten gegen Erkältung und Kopfschmerzen; Gewürz fördert Appetit und Verdauung.
**Anbau, Ernte:** Majoran ist frostempfindlich, Anzucht daher im Treibhaus; im späten Frühjahr sonniger Platz im Garten auf kalkreichem Boden oder in Kästen; zwei Ernten möglich, vor der Blüte im Juni und September.
**Lagern:** Zweige frisch eingefroren; getrocknete Blätter verlieren schnell das Aroma.

**Meerrettich**
(Kren, Gren, Krien, Scharfwurzel, Bauernsenf), bot. *Armoracia rusticana,* Fam. Cruciferae – Kreuzblütler, engl. horseradish, franz. raifort.
Aus Osteuropa stammend, wird Meerrettich heute v. a. in den USA und Nordeuropa angebaut.
**Steckbrief:** Mehrjährig; bis 60 cm hoch; Blätter bis 90 cm lang, gekerbt, gewellt, mit langen Stielen; Blüten auf langen Stielen; Wurzel lang, dick, bräunlich gelb, fleischig mit vielen Ausläufern; Aroma intensiv scharf; Inhaltsstoffe: ätherische Senföle, Vitamine, vor allem C.
**Verwendung:** Wurzel frisch, als Paste in Tuben und Gläsern konserviert. Rohe, geriebene Wurzeln passen gut zu kalten Saucen, zu Suppen, Kochfleisch, Sülze, Grilladen, Fisch, als Meerrettichsahne warm zu Pellkartoffeln und gekochtem Rindfleisch (Tafelspitz); frische Wurzeln geschnitten zu eingelegtem Gemüse.
**Tips:** Die Wurzel immer nur so weit schälen, wie abgerieben werden soll. Frisch geriebener Meerrettich bleibt mit Zitronensaft beträufelt weiß. Warmen Gerichten Meerrettich erst kurz vor dem Servieren beimischen, da er durch Kochen Aroma verliert.
**Für Heilzwecke:** Wirkt antiseptisch, durchblutungsanregend, harntreibend, lindert Husten. Bei Schilddrüsenunterfunktion und Jodmangel auf Meerrettich verzichten.
**Anbau, Ernte:** Die Pfahlwurzeln brauchen tiefgründigen, feuchten Boden, Aussaat im Frühjahr an sonnigem Platz, Ernte von Oktober bis Februar.
**Lagern:** In feuchten Sand gesteckt oder fest in Alufolie gewickelt, hält er sich im kühlen Keller bis Frühjahr; gewaschen, ungeschält im Kühlschrank mehrere Wochen. Geriebener Meerrettich läßt sich in gut verschlossenen Gefäßen auch einfrieren.

**Minze** (Foto S. 68)
Bot. *Mentha,* Fam. Lamiaceae, Labiatae – Lippenblütler, engl. mint, franz. menthe.
Aus der fast unüberschaubaren Zahl an Arten, die die stark duftende Pflanze durch Selbstkreuzung hervorgebracht hat, werden auf S. 68 beim Rezept Melonensalat die für die Küche wichtigsten Vertreter vorgestellt: Pfefferminze, Grüne Minze, Apfelminze, Orangenminze und Basilikumminze. Seit der Antike Verwendung als Würze und Duftspender. Heute vor allem im Nahen und Mittleren Osten und in Nordafrika sehr beliebt.
**Steckbrief:** Einjährig; 20–40 cm hoch; Stengel kantig, grün, oben verzweigt; Blätter länglich, gezähnt, leicht behaart; Blüten rotweiß; Inhaltsstoffe: ätherische Öle, vor allem Menthol.
**Verwendung:** Blätter frisch und getrocknet.
**Für Heilzwecke:** Pfefferminztee hilft bei Erkältung, Grippe, Verdauungsstörungen. Dagegen und bei Kopf-, Muskel- und Gliederschmerzen wirkt noch stärker japanisches Heilpflanzenöl aus der japanischen Heilminze, Menta arvensis, gewonnen und als Destillat in Apotheken verkauft.
**Anbau, Ernte:** Um eine bestimmte Art im Garten zu haben, besser vorgezogene Pflänzchen kaufen. Anpflanzen im Frühjahr an feuchter Stelle im Halbschatten – mit Topf, damit sich die Wurzelstöcke nicht unkontrolliert ausbreiten können. Die Blütenstengel abschneiden, sobald sie herauskommen, so wachsen vermehrt Blätter nach. Ernte über den ganzen Sommer.
**Lagern:** getrocknet und wenig zerkleinert als Tee; ferner eingefroren.

**Muskat**

(Muskatnuß, Banda-, Suppennuß), bot. *Myristica fragrans,* Myristiaceae – Muskatgewächse, engl. nutmeg, franz. noix de muscade.
Der immergrüne Muskatbaum wächst in tropischen, feuchten Regionen; Heimat sind die Molukken (Gewürzinseln) und Neuguinea. Anbau heute in Indonesien und Südamerika, auf Sri Lanka und den Westindischen Inseln. Von den aprikosen- oder pfirsichähnlichen Früchten werden zwei Gewürze gewonnen: Samenkern = Muskatnuß und der getrocknet beige-orange Samenmantel = Muskatblüte (Bild), engl. mace, franz. macis.
**Steckbrief:** Über 10 m hoch; Blätter dunkelgrün, oval; Blüten klein, blaßgelb; nach etwa 7 Jahren tragen die Bäume pro Jahr bis zu 2000 goldgelbe Früchte; Aroma und Geschmack: angenehm würzig, süßlich bei der Muskatnuß, etwas bitterer, feiner bei der Muskatblüte.
**Verwendung:** Muskatnuß ganz, gemahlen, Macis ganz, gemahlen; Muskatnußöl. Muskatnuß würzt Suppen, Pasteten, Kartoffelgerichte und Gemüse, besonders Spinat; Saucen, vor allem Zwiebelsauce, Reistopf mit Lamm, Omelettes, Ausbackteig für Fisch, Fleisch, Gemüse, Obst, Eiercremes und Punsch. Macis verfeinert Soufflés, Saucen, Fisch, Geflügel, Desserts, Gebäck und Kuchen.
**Tips:** Geeignete Kombination mit Gewürznelken: Ingwer, Kardamom, Pfeffer und Zimt. Zum Würzen Muskatnuß immer frisch reiben und erst am Ende der Garzeit zufügen. Macisstücke lassen sich schlecht reiben oder im Mörser zerstoßen, mit der Kaffeemühle geht es besser. Macis aus Indonesien ist etwas dunkler in der Farbe, die aus der Karibik/Grenada hellbeige-gelb.
**Für Heilzwecke:** Ätherische Öle der Muskatnuß wirken appetitanregend, gegen Bronchialkrankheiten sowie Blähungen. 1 bis 2 Tropfen Muskatnußöl in einem heißen Getränk vor dem Schlafen beruhigen. In großen Mengen eingenommen, führt Muskatnuß zu Euphorie und Halluzinationen und kann tödlich sein.

**Paprika**
(spanischer, türkischer, ungarischer, roter Pfeffer), bot. *Capsicum annum,* C. frutescens, C. chinese, C. baccatum, C. pubescens, Fam. Solanaceae – Nachtschattengewächse, engl. sweet bell, franz. paprika.
Die ursprüngliche Heimat ist Mittel- und Südamerika. Von den Entdeckern der Neuen Welt mit nach Europa gebracht, wird Paprika in Spanien, Ungarn und der Türkei angebaut. Größter Lieferant sind heute die USA.
**Verwandte Arten:** Gemüsepaprika: groß, fleischig, in den Farben grün, rot, gelb; paßt zu Gemüse, zum Füllen oder als Salat. Gewürzpaprika: klein, länglich, vollreif geerntet, getrocknet und gemahlen, von mild bis scharf. Delikateßpaprika: mild, aromatisch, Pulver besteht nur aus Fruchtfleisch. Edelsüß-Paprika: mild, mit einem Hauch von Schärfe, weil ungewaschene Samenkörner mit vermahlen werden. Halbsüß-Paprika: scharfwürzig, weil auch die Scheidewände mit vermahlen werden. Rosen-Paprika: sehr scharf, weil die ganze Schote getrocknet und gemahlen wird. Pimientos: in Spanien angebaute spitz auslaufende, herzförmige Paprikaschoten mit süßlichem Geschmack. Das gemahlene Gewürz heißt pimientóu.

**Steckbrief:** Einjährig; 1 m hoch und mehr; Blüten weiß; Früchte/Schoten: je nach Sorte grün, rot, gelb; Aroma und Geschmack: von mild bis scharf, süßlich; Inhaltsstoffe: hoher Vitamin-C-Gehalt, besonders der roten Schoten, Carotinoide, die Vorstufe von Vitamin A, Vitamin E, ätherische Öle, Capsaicin – ergibt Schärfe.
**Verwendung:** Ganze Schoten frisch, getrocknet; Pulver. Zum Würzen von Suppen, Saucen, Reis-, Tomaten-, Eier-, Käse-, Quarkgerichten, Fisch-, Fleisch- und Geflügeleintöpfen, gekochtem und gedämpftem Gemüse. Schoten gut in Salat.
**Tips:** Paprikapulver nicht stark erhitzen, der enthaltene Zucker kann verbrennen und wird bitter. Nur beste Qualität einkaufen, billiges Paprikapulver kann gesundheitsschädliche Aflatoxine enthalten.

**Petersilie**
(Peterle, Peterlin, Kräutel, Suppenwurzel), bot. *Petroselinum crispum,* Fam. Apiaceae, Umbelliferae – Doldengewächse, engl. parsley, franz. persil.
Ursprünglich im östlichen Mittelmeerraum bekannt und als Heilmittel bei den alten Griechen, fand Petersilie bei den Römern den Weg in die Küche.
**Verwandte Arten:** Krause Petersilie, glattblättrige/französische P. und Wurzelp., dazu siehe auch Rezept S. 74.
**Steckbrief:** Zweijährig; bis 80 cm hoch; Stengel kantig, verästelt; Blätter gefiedert, glänzend; Wurzeln weiß, rübenförmig; Blüten gelb-grün, in vielstrahligen Dolden; Blätter und Stengel sehr aromatisch; Inhaltsstoffe: Provitamin A, Vitamin C und E, Eisen und Calcium.
**Verwendung:** Das ganze Kraut, Samen, Wurzeln. Feingehackte Blattpetersilie zum Würzen fast aller Speisen: Salate, Saucen, Suppen, Gemüse, Fisch oder Fleisch. Stengel mit Blättern zusammen mit Thymianzweig und Lorbeerblatt ist die Grundform des Kräutersträußchens Bouquet garni, weitere Bestandteile nach Bedarf. Petersilie darf nicht zu stark erhitzt werden, erst bei Garende zufügen. Petersilienwurzeln passen zu deftigen Eintöpfen, ergeben eine eigenständige Suppe, verleihen gekocht und püriert einem Kartoffelpüree besonderen Geschmack.
**Für Heilzwecke:** Tee bei Leberleiden, harntreibend, entzündungshemmend, steinlösend, herzstärkend. Das Kauen von frischen Blättern verleiht frischen Atem.
**Anbau, Ernte:** Im Garten an halbschattigem bis sonnigem Platz, muß immer feucht gehalten werden. Saat zweimal im Jahr, im späten Frühling und Sommer, dann ist der Bestand gesichert. Mit warmem Wasser begossen, keimt die Saat schneller. Ist zwar winterhart, sollte aber bei Frost abgedeckt werden. In Kästen oder Töpfen auf dem Balkon oder am Fenster gezogen, gibt es Petersilie frisch das ganze Jahr.
**Lagern:** Frische Petersilie, in feuchtes Küchenpapier eingeschlagen, im Gemüsefach des Kühlschranks einige Tage; ebenso frische Zweige in ein Glas Wasser gestellt an einem kühlen Ort. Getrocknete Blätter trocken und dunkel aufbewahren. Frisch eingefroren, bleibt das Aroma gut erhalten.
**Hinweis!** Verwechslung der glatten Petersilie mit der giftigen Hundspetersilie ist möglich, doch eine Riechprobe an zerriebenen Blättern schafft Klarheit: Hundspetersilie riecht unangenehm.

**Pfeffer**
Bot. Piper nigrum, Fam. Piperaceae – Pfeffergewächse, engl. pepper, franz. poivre.
Die Beerenfrüchte einer tropischen Kletterpflanze sind seit der Antike das begehrteste, gebräuchlichste Universalgewürz, das in früheren Zeiten mit Gold aufgewogen wurde und nach Entdeckung des Seeweges zu heftigen Handelskriegen Anlaß gab. Die ursprüngliche Heimat war Südwestindien. Heute wird Pfeffer dort, in Malaysia-Sarawak, Indonesien-Sumatra, Thailand, Brasilien und Madagaskar angebaut. Langer Pfeffer wächst wild in ganz Indien.

**Steckbrief:** Kultivierte Art bis 4 m hoch; Blätter dunkelgrün, ledrig; Blüten klein, weiß, an langen Ähren. Die Pflanzen, die an Stangen oder Bäumen gezogen werden, tragen nach 7 Jahren etwa 15–20 Jahre lang, Ernte zweimal im Jahr.
**Verwendung:** Schwarzer Pfeffer: unreife, getrocknete Beeren, aromatisch scharf; weißer Pfeffer: reife Beeren, die eingeweicht werden, um vor dem Trocknen die Haut zu entfernen, aromatisch, milder in der Schärfe; grüner Pfeffer: unreife, frische Beeren, die in Salzlake oder Essig eingelegt sind, Aroma am intensivsten, jedoch fast ohne Schärfe, kalt abgespült zu Pasteten und Gewürzbutter.
Frische grüne Pfefferkörner: seltener erhältlich, zerdrückt, gut zu Suppen, Eintöpfen und Saucen. Getrocknete grüne Pfefferkörner: vor Gebrauch in Wasser eingeweicht, zu Suppen und Schmorgerichten. Mignonette-Pfeffer: gemahlene Mischung aus schwarzem und weißem Pfeffer.
Rosa Pfeffer: Schinus molle, Beeren des südamerikanischen Pfefferbaumes, gehört nicht zum echten Pfeffer, die brüchige Schale umhüllt einen kleinen Samen, aromatisch, etwas harzig, weniger scharf, sollte sparsam verwendet werden, weil in großen Mengen toxische Wirkung.
Szetschuan-/Sichuanpfeffer: getrocknete Beeren des chinesischen Gelbholzbaumes, nicht verwandt mit echtem Pfeffer. Sansho: japanisches Pfefferblatt, gemahlen, ebenfalls nicht mit echtem Pfeffer verwandt.
**Tips:** Gemahlener Pfeffer verliert schnell sein Aroma, ist frisch gemahlen weit besser. Pfeffer immer erst am Ende der Garzeit zufügen. Ganze Körner in einem Leinentüchlein eingebunden mitkochen und vor dem Servieren entfernen.
**Für Heilzwecke:** Entlastet den Kreislauf und die Verdauung.
**Lagern:** Getrocknete Pfefferkörner wie üblich, frische Körner im Schraubglas im Kühlschrank.

**Piment**
(Nelken-, Jamaikapfeffer, All-, Allerleigewürz), bot. *Pimenta dioica,* Fam. Myrtaceae – Myrtengewächse, engl. allspice, Jamaica pepper, franz. toute-épice, poivre de la Jamaique.
Die Samenfrüchte des immergrünen Myrtenbaums schmecken ähnlich wie Pfeffer, das Aroma ähnelt einer Mischung aus Pfeffer, Nelken, Zimt und Muskatnuß, daher Allerleigewürz. Hauptanbaugebiete sind heute Mittelamerika und Karibische Inseln. Die beste Qualität kommt aus Jamaika. Zur Geschichte siehe auch S. 156 beim Rezept „Marzipan-Makronen".
**Steckbrief:** Baumhöhe etwa 10 m; Blätter oval, ledrig; Blüten weiß, klein in Dolden; Früchte reif, aber noch grün geerntet, enthalten zwei etwa erbsengroße Samen. Nach dem Trocknen färben diese sich rotbraun, die Geschmacksstoffe sitzen in der äußeren, rauhen Rinde. Die Bäume

können bis zu 100 Jahre alt werden und Früchte tragen.
**Verwendung:** Samen ganz oder gemahlen. Piment wird vor allem in der Lebensmittelindustrie gebraucht für Ketchup, Pickles, Chutneys, Würste, Dosenfleisch. Paßt gut zu Marinaden für Fisch und Meeresfrüchte, Fleisch, Wild, Geflügel, Gemüse, Reis, Pasteten, aber auch Puddings, Kuchen und Konfitüren.
**Tips:** Immer frisch mahlen oder im Mörser zerstoßen. Aus Diätgründen können Gerichte statt mit Pfeffer mit Piment gewürzt werden, das besser bekömmlich ist.
**Für Heilzwecke:** Fördert die Verdauung und stärkt den Magen.

**Pimpinelle**
(Kleiner Wiesenknopf, Hosenknopf, Pimpernell), bot. *Sanguisorba minor,* Fam. Rosaceae – Rosengewächse, engl. salad burned, franz. petite pimpernelle.
Ursprünglich aus Vorderasien stammend, ist sie heute wildwachsend vor allem in der Mittelmeerregion anzutreffen.
**Verwandte Arten:** Großer Wiesenknopf – Sanguisorba officinalis, entfaltet weniger Würzkraft, wird in der Küche wie der Kleine Wiesenknopf verwendet. Bibernelle – Pimpinella saxifraga ist in der französischen und italienischen Küche ein beliebtes Würzkraut.
**Steckbrief:** Mehrjährig; 20–60 cm hoch, Umfang etwa 25 cm; Stengel weich, wenig verzweigt, beblättert; die Blätter sind unpaarig gefiedert und rundlich gesägt; Blüten rötlich, in Dolden; das Aroma ist würzig, nach Gurken und Nüssen, leicht herb und erfrischend. Hoher Vitamin-C-Gehalt.
**Verwendung:** Junge Blätter, frisch oder eingefroren. Für Salate, Saucen, kalte Suppen, paßt gut zu Kräuterkombinationen, weil ihr Aroma fein, jedoch nicht dominierend ist. Blätter nicht mitkochen, um Vitamin-Gehalt und Aroma zu erhalten.
**Tips:** Junge Blätter welken rasch, daher erst kurz vorher pflücken. Werden frische Blätter gehackt, vorher mit Zitronensaft oder Essig benetzen, um ein Braunwerden zu verhindern.
**Für Heilzwecke:** Appetitanregend, wundheilend, hustenstillend.
**Anbau, Ernte:** Pimpinelle läßt sich leicht durch Samen oder Wurzelteilung im Garten an sonnigem Platz ziehen, stellt keine hohen Ansprüche und gedeiht auf fast jedem, bevorzugt aber auf kalkreichen Böden. Ernte von Sommer bis Spätherbst.
**Lagern:** am besten eingefroren.

**Portulak**
(Bürzel-, Purzel-, Tellerkraut, Kräusel), bot. *Portulaca oleracea,* Fam. Portulacaceae – Portulakgewächse, engl. purslane, franz. pourpier.
Portulak stammt von der wildwachsenden Form aus Vorderasien ab, ist seit Jahrtausenden ein Würzkraut. Heute kommt er in den gemäßigten Zonen aller Kontinente vor.
**Steckbrief:** Einjährig; bis 60 cm hoch; Stengel aufrecht stehend, fleischig; Blätter eiförmig, dunkelgrün, fleischig; Geschmack schwach-aromatisch, etwas säuerlich, salzig. Vitamin-C-Gehalt sehr hoch.
**Verwendung:** Junge Blätter, frisch; zu Salaten, Saucen, Suppen, Gemüsen und Quark. Nicht mitkochen, Blätter fallen unansehnlich zusammen, nach Garende, vor dem Servieren zugeben. Häufig in chinesischen und indischen Gerichten.
**Tips:** Bei Verwendung von Portulak kann auf zusätzliches Salzen verzichtet werden.
**Für Heilzwecke:** Regt die Magensaftproduktion an, wirkt blutreinigend.
**Anbau, Ernte:** Portulak braucht viel Sonne, Wärme und einen trockenen Boden. Die Blätter werden nach etwa 6 Wochen, vor der Blüte geerntet.
**Lagern:** In Kräuteressig oder Öl einlegen, ist zum Trocknen und Einfrieren nicht geeignet.

**Rosmarin**
(Rosemarie, Marien-, Weihrauch-, Balsamkraut, Hochzeitsblümchen, Meertau), bot. *Rosmarinus officinalis,* Fam. Lamiaceae, Labiatae – Lippenblütler, engl. rosemary, franz. romarin.
Seit Urzeiten wird der immergrüne Würzstrauch mit den blauen Blüten, der im ganzen Mittelmeerraum und Kleinasien die kargen Hänge bedeckt, zu Heilzwecken und mit Vorliebe in der Küche genutzt. Sein Name leitet sich von dem lateinischen ros marinus – Meertau – ab.
**Steckbrief:** Mehrjährig; 2 m hoch und mehr; Umfang 1 m; Stengel verholzt, verzweigt; Blätter stiellos, nadelförmig, ledrig, randumgerollt; Blüten hellblau. Aroma: weihrauchharzig, fein-bitter.
**Verwendung:** Blätter frisch, getrocknet, Zweige frisch, Blüten frisch. Das Aroma frischer oder getrockneter Zweige harmoniert gut mit vielen Fleischsorten, besonders mit Lamm und Wild, aber auch mit mediterranen Gemüsegerichten, so mit Auberginen und Tomaten. Rosmarin ist Bestandteil des Bouquet garni, paßt gut zu Marinaden für Fisch und Fleisch, aromatisiert Bratöl, erhöht die Haltbarkeit vieler Lebensmittel, was auf die Antioxydanswirkung der ätherischen Öle zurückzuführen ist.
**Tips:** Rosmarin vorsichtig dosieren, sein Aroma verleiht den Gerichten einen rustikalen Charakter, macht aber Fett leichter verdaulich. Rosmarinzweige in das Grill- oder Kaminfeuer gelegt, verbreiten einen wunderbaren Duft. Getrocknete Rosmarinblätter, in einer kleinen Schale verbrannt, vertreiben Insekten und reinigen die Luft.
**Für Heilzwecke:** Ätherische Öle, Gerb- und Bitterstoffe der Blätter wirken kreislauf- und durchblutungsfördernd, z. B. in einem Bad.
**Anbau, Ernte:** Rosmarinsträucher lieben sonnige Plätze und trockenen, kalkreichen Boden. Bei großer Kälte müssen sie abgedeckt werden. Ableger, im Sommer aus neuen Trieben geschnitten, bilden in sandiger Erde schnell Wurzeln. Bewurzelte Triebe oder Stecklinge, denen man die Spitze des Haupttriebes abschneidet, damit der Strauch nicht in die Breite wächst, werden im späten Frühjahr, möglichst an sonniger Stelle vor einer reflektierenden Mauer, angepflanzt. Ein Rosmarinstrauch läßt sich gut in einem irdenen Topf ziehen. In der kalten Jahreszeit überwintert er an einem kühlen Ort im Haus.

So hat man die meiste Zeit frischen Rosmarin.
**Lagern:** Rosmarinzweige halten sich einige Tage frisch, in feuchtem Küchenpapier im Kühlschrank oder in ein Glas Wasser an einen kühlen Ort gestellt. Getrocknete Blätter wie üblich aufbewahren.

**Safran** (Foto S. 27, unten)
(Safrankrokus, gelbe Würze, Suppengelb), bot. *Crocus sativus,* Fam. Iridaceae – Schwertliliengewächse, Irisgewächse, engl. saffron, franz. safran.
Die Krokusart, aus deren Blütennarben Safran gewonnen wird, stammt ursprünglich aus Kleinasien. Alle alten Kulturen am Mittelmeer – Ägypter, Griechen, Römer – kannten schon seine Würz- und Färbekraft. Safran zählte und zählt zu den teuersten Gewürzen überhaupt: klar, wenn man den Ertrag kennt: pro Hektar Anbaufläche etwa 3 kg. Hauptlieferanten sind heute Spanien, Griechenland, Frankreich, Marokko, die Türkei, Iran und Kaschmir. Die beste Qualität soll aus La Mancha/Spanien kommen.
**Steckbrief:** 15 cm hoch; im September/Oktober bilden sich hell-blau-violette, lilienähnliche Blüten mit je einem Griffel in der Mitte und darauf einer etwa 2 cm langen orange-roten Narbe. Weit geöffnete Blüten werden gepflückt, die Narben von Hand herausgezupft und getrocknet. Der beste Safran besteht nur aus Narben mit intensiv dunkelroter Farbe, zum Beispiel der spanische Coupé.
Der Mancha enthält bis zu 5 % Griffel und Blütenreste. Die geringfügig preiswertere Qualität „natureller" Safran darf bis zu 10 % Griffelteile enthalten. Aroma und Geschmack: Safran ist hoch-aromatisch und von bitter-scharfem Geschmack.
**Verwendung:** Fäden getrocknet, gemahlen. Safran ist ein typisches Gewürz für mediterrane, orientalische, iranische und indische Gerichte wie Paella Valenciana, Risotto Milanese, Bouillabaisse, Safran-Huhn Tavuk yahnisi, Biriyani. Safranfarbe und -geschmack harmonieren gut mit Gerichten von Reis, Fisch, Meeresfrüchten, mit Suppen, Saucen und Gebäck.
**Tips:** Bei Speisen mit wenig Flüssigkeit erzielt man eine gleichmäßige Gelbfärbung, wenn die Fäden vorher in 1 EL heißem Wasser eingeweicht und am Ende der Garzeit zugefügt werden. Mit gemahlenem Safran kann direkt gewürzt werden. Es sollten immer nur wenige Fäden gekauft werden, sie behalten ihr Aroma viel länger als Pulver, von dem man nicht weiß, ob es nicht verfälscht wurde.

**Salbei**
(Kreuz-, Rauch-, Königssalbei, Salbine, Salver), bot. Echter Salbei – *Salvia officinalis,* Fam. Lamiaceae, Labiatae – Lippenblütler, engl. sage, franz. sauge.
Zur Geschichte, Verwandtschaft und Verwendung dieser seit alters bekannten Heil- und Gewürzpflanze findet sich noch mehr Informationen auf Seite 46 beim Rezept „Waffeln" und auf Seite 98 bei den „Kartoffel-Gnocchi".
**Verwandte Arten:** Echter Salbei mit der großblättrigen Unterart Dalmatinischer Salbei und als Neuzüchtung Ananassalbei sowie der bitterere Griechische Salbei für Tee finden Verwendung in der Küche.
**Steckbrief:** Mehrjähriger, immergrüner Halbstrauch; 80 cm hoch, Umfang etwa 70 cm; Stengel verholzt, verzweigt, behaart; Blätter länglich bis oval, graugrün, gesägt, filzig-behaart; Blüten: violett bis hellblau, in Trauben am Ende eines Triebes. Aroma: kräftig-würzig, leicht bitter.
**Verwendung:** Blätter frisch, getrocknet, gemahlen, auch Blütenspitzen. Das Aroma der Blätter ist sehr intensiv, daher sparsam dosieren. Salbeiblätter frisch oder getrocknet passen gut zu Fisch, Geflügel, Fleisch und Wild, aber auch zu Nudeln und Käse. Eine norddeutsche Spezialität ist Aal mit Salbei, eine italienische Saltimbocca alla romana, kleine Kalbsschnitzel mit Schinken und Salbeiblatt. Überhaupt nutzt die mediterrane und französische Küche die Eigenschaft des Salbei, die Fettverdauung zu erleichtern: z. B. bei Zwiebel-Salbei-Füllung für Gänsebraten.
**Tips:** Getrocknete Blätter würzen stärker als frische, daher noch sparsamer dosieren.
**Für Heilzwecke:** Die Stoffe aus den Salbeiblättern wirken beruhigend und heilend auf die Schleimhäute, adstringierend, desinfizierend, senken den Blutzucker. Salbeitee hilft bei Husten und Heiserkeit.
**Anbau, Ernte:** Salbeipflänzchen werden im Frühjahr im Garten an einer sonnigen bis halbschattigen, aber nicht zu feuchten Stelle gepflanzt. Ableger schneidet man am besten von knorrigen alten Salbeistöcken und läßt sie unter einer Haube Wurzeln schlagen. Wenn alte Zweige nach der Blüte zurückgeschnitten werden, bilden sich neue kräftige Triebe. Blätter von Mai bis Juli vor der Blüte ernten. Im übrigen ist Salbei pflegeleicht und erreicht ein Alter von bis zu 7 Jahren.
**Lagern:** Frische Blätter in feuchtes Küchenpapier eingeschlagen im Kühlschrank mehrere Tage. Ideal ist Einfrieren, dazu werden vorher die Blätter in Öl getaucht und getrennt auf Papier oder Folie ausgebreitet. Getrocknete Blätter wie üblich.

**Salz**
Salz, chemisch Natriumchlorid, ist eine Grundwürze, unentbehrlich im Leben: Etwa 3 bis 5 g benötigt ein Erwachsener am Tag, bei starkem Schweißverlust auch schon einmal 20 g, in der üblichen Nahrung sind aber schon etwa 1,5 bis 2 g versteckt. – Meerwasser enthält weltweit knapp 3 % Salz, in natürlichen Salzvorkommen aus früheren Meeren des Erdmittelalters und -altertums lagern stets Beimischungen von etwa 3 % anderen Salzen. Salz wurde bereits in der Bronzezeit bergmännisch ausgebeutet, z. B. von Kelten und Illyrern im österreichischen Hallstatt (Hallstatt-Kultur). Besitz von Salzlagern und Salzhandel schufen Reichtum und lösten Kriege aus. Viele Ortsnamen gehen auf das keltische Wort „hal(l)" für „Salz" zurück: Schwäbisch Hall, Niedernhall, Halle, Bad Reichenhall – später dann Salzwedel, Salzburg etc. Salzabbau im Solebergbau nutzt die gute Wasserlöslichkeit von Salz. Heute wird die reinste Salzqualität gewonnen nach einem modernen Vakuumsiedeverfahren. Dabei kristallisiert aus heißer Sole feinkörniges, aus kalter Sole grobkörniges Salz. In warmen Ländern üblich ist das Eindampfen von Meerwasser, in der einfachsten Form in offenen, flachen Salinen.
**Verwendung:** Kochsalz ist ein aromafreier, reiner Geschmacksspender, läßt sich daher gut mit vielen Kräutern und Gewürzen mischen. Sparsam den Gerichten zugefügt, trägt es zur Verstärkung des Eigengeschmacks bei. Ganz ohne Salz würden die Speisen reizlos schmecken, doch Vorsicht ist geboten bei der Dosierung. Eine Messerspitze zuviel kann schon alles verderben. Fleisch sollte nicht vor dem Garen gesalzen werden, Salz entzieht ihm die aromatischen Säfte, macht es trocken und zäh. Salz

dient seit alters als Konservierungsmittel: bei Fisch (Stockfisch), bei Fleisch (Parmaschinken), beim Einlegen von Gemüse, so Gurken in Salzlake, auch Sauerkraut, das trocken eingesalzen eigenen Saft entwickelt. Gewürz-Salz-Mischungen – ideal als Streuwürze zum Grillen von Fisch, Fleisch oder Geflügel – kann man im Mörser leicht selbst herstellen: zum Beispiel mit schwarzem Pfeffer, Kreuzkümmel, Koriandersamen und evtl. Gewürznelken. Ähnlich werden Knoblauchsalz, Kräutersalz, Gomasio (trocken gerösteter Sesam plus Salz) und chinesisches Gewürzsalz (Sichuan-Pfeffer plus Salz) gemischt.
**Tips:** Salz rundet den Geschmack süßer Speisen ab. Eiweiß läßt sich mit 1 Prise Salz besser steif schlagen. Zum Garen von Gemüse wird dem Wasser immer etwas Salz zugefügt, das verstärkt den Eigengeschmack und verhindert das Ausschwemmen von Mineralstoffen aus dem Gemüse.
**Für Heilzwecke:** Salz ist lebensnotwendig, laufend zu hoher Salzkonsum indes steht im Verdacht, den Blutdruck zu erhöhen und weitere Folgekrankheiten zu verursachen. Wer damit Schwierigkeiten hat, sollte Kochsalz weitestgehend durch pflanzliche Gewürze ersetzen. Dazu eignen sich zum Beispiel Curry, Liebstöckel und Zwiebeln.

**Sauerampfer**
(Salatampfer, Sauergras, Sauerblätter), bot. *Rumex rugosus,* Fam. Polygonaceae – Knöterichgewächse, engl. sorrel, franz. oseille.
Gartensauerampfer ist die Kulturform des Großen Sauerampfers, der auf Wiesen der warmen gemäßigten Regionen Südeuropas, Asiens und Nordamerikas wild wächst. Im alten Ägypten war und ist er bis heute noch ein sehr beliebtes Küchenkraut. Griechen und Römer der Antike schätzten ihn, denn seine Säure hilft, opulente Mahlzeiten zu verdauen.
**Verwandte Arten:** Römischer Sauerampfer – Rumex scutatus, engl. french sorrel, franz. oseille petite, oseille ronde, Schildampfer, Französischer Spinat.
**Steckbrief:** Mehrjährig; bis 30 cm hoch; Umfang bis 25 cm; Stengel: hellgrün, zahlreich verzweigt, saftig; Blätter graugrün, dick; Blüten klein, grünlich; Aroma fein-säuerlich, etwas bitter, zitronenähnlich. Zarte Blätter des Römischen Ampfers schmecken intensiver, aber weniger bitter, er enthält weniger Oxalsäure als Gartenampfer. Hoher Gehalt an Vitamin A und C und Eisen.
**Verwendung:** Junge Blätter frisch; gut geeignet für Salate, Suppen, Saucen – Grüne Sauce, aber auch gekocht und kombiniert mit Spinat. Zum Würzen von Fisch, Lamm, Rind, Geflügel, Omelettes, Frischkäse, Quark und Joghurt.
**Tips:** Der hohe Säuregehalt läßt nicht rostfreies Küchengerät schnell anlaufen. Nur frische zarte Blätter verwenden, nur kurz mitkochen lassen. Säure wirkt als Zartmacher für zähes Fleisch. Junge Blätter enthalten weniger Säure und eignen sich besser für Salate (Rez. S. 66, „Geflügelleber in Grün“).
**Für Heilzwecke:** Tee hat blutreinigende, harntreibende Wirkung. Übermäßiger Verzehr kann wegen der Oxalsäure zu Nierenschäden führen.
**Anbau, Ernte:** Sauerampfer läßt sich leicht aus Samen ziehen. Ab April kann er im Garten an einem sonnigen bis halbschattigen Platz in feuchtem bis nassem Boden gepflanzt werden. Die Blütenstände werden rechtzeitig entfernt. So wachsen vermehrt Blätter nach.
**Lagern:** Frische Blätter kurzfristig in feuchtem Küchenpapier im Kühlschrank; auch Einfrieren ist möglich.

**Schnittlauch**
(Binsen-, Gras-, Spaltlauch, Schnittling, Schnittzwiebel, Jakobszwiebel), bot. *Allium schoenoprasum,* Fam. Liliaceae – Liliengewächse, engl. chive, franz. cive, civette, ciboulette.
Schnittlauch ist eines der beliebtesten Würzkräuter; bildet mit Petersilie, Estragon und Kerbel die berühmten Fines herbes. Seit Jahrtausenden bekannt, wird Schnittlauch weltweit kultiviert.
**Verwandte Arten:** Schnittknoblauch – Allium tuberosum, auch Knolau, China-Lauch – engl. chinese chive, franz. ciboulette chinoise.
**Steckbrief:** Mehrjährig; 15–30 cm hoch, Umfang ca. 15 cm; Wurzeln weiß, schmalknollig; Stengel graugrün, röhrenförmig; Blätter dünn röhrenförmig; Blüten malvenartige Kugelblüten, rötlich-violett. Aroma lauch- bis zwiebelartig; hoher Vitamin-C- und Eisen-Gehalt.
**Verwendung:** Stengel frisch oder tiefgefroren, Blüten frisch. Als Zwiebelgewächs paßt Schnittlauch zu allem, wozu Zwiebeln passen würden. Der Geschmack seiner Blätter ist aber dezenter, feiner. Schnittlauch verträgt sich mit fast allen anderen Kräutern, gibt Salaten, Canapees, Suppen, Saucen und Eiergerichten eine besondere Note. Ist zum Anrühren von Joghurt, Quark und Dressings bestens geeignet. Erhitzen würde sein Aroma zerstören. Daher Schnittlauchröllchen erst vor dem Servieren zufügen, auch die frischen Blüten geben Salaten einen besonderen Reiz.
**Tips:** Schnittlauch mit einem scharfen Messer oder mit einer Schere in feine Röllchen schneiden; beim Hacken entsteht mehr Aromaverlust.
**Anbau, Ernte:** Schnittlauch wächst im Garten im Halbschatten auf leichtem, aber feuchtem Boden. Die Entfernung der Blütenstengel vor der Blüte erhöht das Wachstum der Blätter. Bei der Ernte sollten sie immer knapp oberhalb der Erde abgeschnitten und mit Wasser benetzt werden, um ein Austrocknen zu verhindern. Schnittlauch läßt sich leicht in Kästen oder Töpfen am Küchenfenster ziehen.
**Lagern:** Schnittlauch am besten frisch verwenden, Einfrieren nur in Röllchen, Trocknen zwecklos.

**Schwarzkümmel**
(indisch Kalonji – schwarzer Zwiebelsamen), bot. *Nigella sativa.*
In der Natur kommen einige Arten dieser Familie vor, doch nur der Samen des echten Schwarzkümmels ist als Gewürz interessant. Er stammt aus Westasien, dem Mittleren Osten und Südeuropa, wird heute vorwiegend in Indien, im Mittleren Osten und Ägypten angebaut.
**Steckbrief:** Einjährig, aus Samen gezogen; bis 60 cm hoch; Blätter zart-gefiedert; Blüten weiß, blau; Samenkapseln; Samen klein, kantig, schwarz ähnlich Zwiebelsamen; Aroma schwach; Geschmack: würzig, scharf, ähnlich Pfeffer, etwas bitter.
**Verwendung:** Getrocknete Samen ganz oder gemahlen. Ganze Samen in der trockenen Pfanne leicht angeröstet zum Würzen von Gemüsen, Hülsenfruchtgerichten, zum Bestreuen von Brot. Gemahlene Samen für Joghurt, Käse, Salate, Pickles, Chutneys sowie Lamm und Geflügel. Schwarzkümmel ist Bestandteil vieler indischer Gewürzmischungen wie z. B. der bengalischen Panch Foron oder Currypulver.
**Tips:** Samen mit der Pfeffer- oder Kaffeemühle mahlen. Zur Verstärkung des Aromas wird Schwarzkümmel in einer trockenen Pfanne leicht angeröstet. Fleisch vor dem Grillen mit gemahlenem Samen einreiben.

**Selleriesamen**
(Epf, Eppich), bot. *Apium graveolens,* Fam. Apiaceae, Umbelliferae – Doldengewächse, engl. celery, franz. graines de céleri.
Die in den Sumpfgebieten Europas wildwachsende Selleriepflanze wurde seit Jahrtausenden für die Küche und zu Heilzwecken genutzt. Durch Züchtung bildete sich später der Bleich- oder Stangensellerie (var. dulce), der Wurzelsellerie (var. rapaceum) und der Schnittsellerie (var. secalinum) heraus.
**Steckbrief:** Bis 1 m hoch; Blätter langgestielt, verzweigt; Blüten weiß, gelb, klein, in Doppeldolden; Samen braun, klein, oval, mit 5 hellen Rippen; Aroma: stark nach Sellerie; Geschmack: etwas bitter
**Verwendung:** Samen ganz und gemahlen. Ganze Samen geben Salaten und gekochtem Gemüse eine interessante Note. In Nordeuropa als Würze zu Suppen, Eintöpfen, Saucen und Fisch, zum Bestreuen von Brot. Gemahlene Samen würzen Suppen, Currygerichte. Für Sellerie-Salz-Mischung, die zum Grillfleisch gut paßt.
**Tips:** Wegen des etwas bitteren Geschmacks nur sparsam dosieren. Vor Gebrauch können Samen mit einer Messerklinge leicht zerdrückt werden. Bei salzfreier Diät auch als Salzersatz geeignet.
**Für Heilzwecke:** Ein Aufguß hilft bei Bronchitis und Blähungen, wirkt beruhigend, schlaffördernd und appetitanregend.
**Lagern:** Samen wie üblich, Selleriesalz im Glas im Kühlschrank.

**Senfkörner**
Bot. *Brassica,* Fam. Cruciferae – Kreuzblütler, engl. mustard, franz. moutarde.
Senfkörner werden seit alters her verwendet. Nachdem die Römer und später Karl der Große seine Kultivierung förderten, waren Senfkörner lange Zeit das Gewürz einfacher Leute, zum Beispiel als Pfefferersatz. Gewürzt wurde mit ganzen Körnern, gemahlen als Pulver oder in Form einer Paste, dem Tafelsenf. Die Bezeichnung Mostrich und Mosterd ist auf dem lateinischen Ausdruck mostum ardens – brennender Most – zurückzuführen. Senfkörner verliehen dem unvergorenen Traubensaft eine brennende Schärfe. In jener Zeit wurde Senf noch eine magische Bedeutung zugeschrieben. Heute wird Senf in Europa, Nordamerika und Asien, besonders in Indien, angebaut.
**Arten/Steckbrief:** Schwarzer Senf – Brassica nigra, auch Französischer Senf genannt: über 1 m hoch; Aroma sehr scharf und würzig; wird allmählich durch einen nahen Verwandten verdrängt. Brauner Senf – Brassica juncea, Sareptasenf, Indischer, Russischer, Chinesischer Senf: bis 80 cm hoch, daher leichter zu bewirtschaften; Aroma etwas milder als bei Schwarzem Senf. Weißer Senf – Brassica alba, Gartensenf, Englischer, Gelber Senf, Mostardkorn: 30–50 cm hoch; Samen hell bis beige, größer als die der schwarzen und braunen Sorten; Aroma etwas milder.
Tafelsenf, eine Mischung aus Senfkörnern, Essig, Most, Wein, Cidre, Wasser und anderen Gewürzen von Anis bis Zucker – jeder Hersteller hat sein Geheimrezept. Bayrischer Weißwurstsenf: grobgemahlen mit Kräutern und Zucker. Bordeaux-Senf: geschrotet mit Weinessig und Kräutern. Champagner-Senf: mit Wein aus der Champagne. Dijon-Senf: aus geschälten Körnern mit Most oder Wein sowie Salz und Kräutern, in verschiedenen Schärfeklassen – etwa die Hälfte allen Senfs wird in Dijon hergestellt. Düsseldorfer Löwensenf: mit Most oder Weinessig und Farinzucker. Früchtesenf: mit Früchten, z. B. Johannisbeeren, aromatisiert. Kräutersenf: mit Estragon und Kerbel. Meerrettichsenf: besonders scharf. Französischer Mutarde au poivre: mit grünem Pfeffer, mittelscharf. Amerikanischer Senf: aus weißen Senfkörnern, mit Wein oder Essig, mildsüß, dünner als andere Sorten. Englischer Senf: eine Mischung mit schwarzen und weißen Pfefferkörnern, oft mit Kurkuma/Gelbwurz. Immer wieder werden neue Sorten angeboten.
**Verwendung:** Ganze Körner, Pulver, Öl. Tafelsenf scharf, mild, aromatisiert. Schwarze oder braune Senfkörner ganz oder gemahlen zu indischen Gerichten. Weiße Senfkörner für Pickles und Marinaden. Gemahlen für Salate, Suppen, Eintöpfe. Scharfer Tafelsenf für Saucen, Mayonnaise, Dressings, zu Braten, kaltem Fleisch, Wurst und Geflügel. Milder Tafelsenf für Saucen und Fisch. Keimlinge: Senfsamen im Glas mit Gaze abgedeckt keimen lassen, nach 2 bis 6 Tagen 1 bis 2 cm lange aromatische, schmackhafte Zutat für Salate.
**Für Heilzwecke:** Appetitanregend, verdauungsfördernd, konservierend. Senfpflaster helfen bei Rheumatismus, Arthritis.
**Lagern:** Senfkörner wie üblich, Tafelsenf in Originalgläsern im Kühlschrank.

**Sesam**

(Lein-, Flachsdotter), bot. *Sesamum indicum,* Fam. Pedaliaceae, engl. sesame seed, franz. sésame.
Der Name läßt auf Indien als Herkunftsland schließen, diese alte Kulturpflanze war aber auch den alten Ägyptern bekannt. Sesamöl gewann man früh in Indien und China; heute verteilt sich der Anbau auf China, Indien, den Mittleren Osten, Afrika, Mexiko und den Südwesten der USA.
**Steckbrief:** Einjährig; weit über 1 m hoch; Blätter verschieden geformt, behaart; Blüten: weiß bis rosa, Aussehen ähnlich dem Fingerhut; Samen klein, flach, oval, creme-weiß, hellblau bis rötlich, schwarz; Aroma und Geschmack: kaum ausgeprägt, nach dem Rösten etwas süß und fein nußartig. Der schwarze Samen schmeckt stärker als der helle; Inhaltsstoffe: fast 50 % essentielle Linolsäure, Vitamine A1, B1, B2, Lecitin und Mineralstoffe.
**Verwendung:** Samen ganz, gemahlen, Sesamöl. Vielseitig verwendbar für unterschiedliche Gebäckarten, Gemüse, Reis, Nudeln und Fleisch. In Japan streut man geröstete Sesamkörner oft über Rindfleisch und Gemüse. Im Nahen und Mittleren Osten wird ungerösteter Sesam zu der Paste Tahin verarbeitet, zu Saucen, Dips, Fleischspießchen (Kebab) und Obstspeisen gegeben. Hummus bi tahina ist ein Kichererbsen-Sesam-Püree, Halva eine aus Sesam bereitete, beliebte Süßigkeit.
Sesamöl, in Europa aus ungerösteten Sesamkörnern gepreßt, von hellgelber Farbe, hat angenehm nussiges Aroma, im Orient aus gerösteten Sesamkörnern gewonnen, ist dunkler und schmeckt kräftiger. Es wird den Gerichten vor dem Servieren beigefügt. Sesamöl eignet sich gut zum Kochen, Braten, Fritieren wegen seines hohen Rauchpunktes. Sesamsamen läßt sich in einem mit Gaze abgedeckten

Glas leicht keimen. Die 2 bis 3 Tage alten Keimlinge können über frische Salate gestreut den Nährwert und Geschmack erheblich steigern.
**Tip:** Mit Sesamöl zubereitete Gerichte gewinnen, wenn über sie in der trockenen Pfanne leicht angerösteter Sesamsamen gestreut wird.

**Sternanis**
(Badian, China-Anis), *Illicium verum,* Fam. Illiciaceae – Sternanisgewächse, engl. star-anise, franz. badiane, anis étoile.
Die sternförmigen Fruchtkapseln eines südchinesischen Magnolienbaums, bekannt unter dem Gewürznamen Sternanis, jedoch nicht verwandt mit der Anispflanze, werden zum Würzen vieler asiatischer Gerichte benutzt. Heute wird Sternanis auch auf den Philippinen, in Kambodscha, Laos, Vietnam und Japan angebaut. Mehr dazu auf S. 162 (Rezeptfoto).
**Steckbrief:** Baumhöhe 6–8 m; Blätter elliptisch, glänzend; Blüten weiß, gelb, rosa; Fruchtkapseln wie ein Seestern, rot-braun, die glänzende braune Samen enthalten; Aroma und Geschmack: ähnlich Anis und Fenchel, etwas nach Lakritz, süß. Die Würzkraft steckt in der Kapselschale.
**Verwendung:** Kapseln getrocknet, ganz, zerstoßen, gemahlen, Samenkörner ganz. Für asiatische Gerichte, Schweinefleisch, Geflügel, Gemüse, Pfannengerührtes. Ganze Kapseln: für Meeresfrüchte, Fisch, Fruchtsuppen. Gemahlen: Brötchen, Brot, Apfeltorte, Weihnachtsgebäck, Konfitüren, Punsch, Glühwein.
**Für Heilzwecke:** Appetitanregend, verdauungsfördernd, hilft bei Blähungen und Erkältungen, Bronchitis, Rheumatismus. Gekaute Kapselstücke verleihen erfrischenden Atem.

**Süßdolde**
(Aniskerbel, Spanischer Kerbel), bot. *Myrrhenkerbel* – Myrrhis odorata, Fam. Apiaceae, Umbelliferae – Doldengewächse, engl. sweet cicely, garden myrrh, franz. cerfeuik musqué.
Diese Staude, aus dem französischen Savoyen stammend, ist in ganz Europa verbreitet und wird heute in den USA und Kanada gewerblich angebaut.
**Steckbrief:** Mehrjährig; über 1 m hoch; Umfang etwa 70 cm; Wurzeln: Pfahlwurzeln, verzweigt, dick, braun, weißes aromatisches Fleisch; Stengel hohl, gefurcht, grün; Blattoberseite grün, -unterseite blaßgrün, behaart, farnartig gefiedert; Blüten weiß, in Blütendolden; Geschmack: süßlich, anisartig; Samen: unreife grün; reife dunkelbraun, etwa 2 cm lang.
**Verwendung:** Die Wurzel frisch, die Blätter frisch, den Samen frisch und getrocknet. Geschälte und kleingeschnittene Wurzeln als Salatzutat und gekocht als Wurzelgemüse. Frische Blätter feingehackt für Salatsauce und in Omelettes, Suppen und Eintöpfen. Unreifer Samen roh in Obstsalaten, ganz oder feingehackt in Eiscremes, reifer Samen für Apfelkuchen.
**Tips:** Als Zuckerersatz an Süßspeisen, herbsaurem Obst wie Rhabarber, Stachelbeeren. Auch in Branntwein lassen sich Wurzeln einlegen.
**Für Heilzwecke:** Alle Teile der Pflanzen als Stärkungsmittel und verdauungsfördernd, als Tee oder feingehackt Getränken zugegeben.
**Anbau, Ernte:** Im Garten auf feuchtem, ablaufendem Boden im Halbschatten. Die mehrjährige Pflanze treibt im Frühjahr aus. Die Blüten sind eine erste Weide für Bienen. Geerntet wird von Frühjahr bis Herbst.
**Lagern:** Frische Blätter in feuchtes Küchenpapier eingeschlagen, einige Tage im Gemüsefach des Kühlschranks. Feingehackt können sie eingefroren werden. Getrocknete Blätter sind weniger aromatisch, jedoch eine schöne Dekoration.

**Tamarinde**

(Asem, Sauerdattel, Indische Feige), bot. *Tamarindus indica,* Fam. Fabaceae, Leguminosae – Schmetterlingsblütler.
Vermutlich stammt der mächtige Tamarindenbaum, er erreicht eine Höhe von 25 m bei einem beachtlichen Stammdurchmesser, aus den Tropenwäldern Ostafrikas. In ganz Indien wächst er wild und wird dort schon lange in Plantagen angebaut. Dort, in Südostasien, Mittel- und Südamerika, wird der Tamarindenbaum vielfältig genutzt. Die Blätter dienen zum Herstellen von rotem und gelbem Farbstoff. Die Schoten und besonders das Fruchtfleisch werden als Gewürz und als Säuerungsmittel genutzt.
**Steckbrief:** Immergrüner Baum; bis 25 m hoch; Blätter hellgrün, gefiedert; Blüten gelb, rot gerändert, an Rispen; Schoten braun, etwa 10 cm lang, ähnlich den Schoten des Johannisbrotbaums, enthalten 10 harte rotbraune Samen, eingebettet in Fruchtmark, reich an Vitaminen; Aroma süßlich; Geschmack angenehm säuerlich, fruchtig.
**Verwendung:** Fruchtmark frisch, getrocknet, gepreßt, in Blockform. Konzentrat aus Fruchtfleisch und Kernen wird in Asien zum Säuern anstelle von Essig verwendet. Ein Stück vom gepreßten Block und/oder Samen aus frischen Schoten im Mörser zerstoßen, mit heißem Wasser überbrüht, ergeben ausgepreßt das säuerliche Tamarindenwasser. Fruchtmark zum Würzen für scharf-saure Suppen, Gemüseeintöpfe, Reis, Linsen, Meeresfrüchte, Fleisch- und Geflügelgerichte, Currygerichte, Chutneys, Desserts, Konfitüren, Gelees und Getränke. Tamarinde ist Bestandteil der Worcestershire-Sauce.
**Für Heilzwecke:** mildes Abführmittel.
**Lagern:** In Originalverpackung im Kühlschrank. Angebrochen aus dem Rest besser Tamarindenwasser oder -sirup herstellen, das/den man dann einfriert.

**Thymian**

(Gartenthymian, Immenkraut, Römischer Quendel, Kuttelkraut), bot. Echter Thymian – *Thymus vulgaris,* Fam. Lamiaceae, Labiatae – Lippenblütler, engl. garden thyme, franz. farigoule, farigoule thym.
Zu Herkunft, Geschichte und Verwendung dieses seit dem Altertum und um das Mittelmeer geschätzten Krauts mitsamt einigen verwandten Arten lesen Sie auf S. 170 bei den Rezepten „Kräuteressig und -öl" Genaueres.
**Steckbrief:** Mehrjähriger wildwachsender Halbstrauch; 20–40 cm hoch; Umfang etwa 30 cm; Stengel verzweigt, holzig; Blätter klein, nach unten eingerollte Ränder, graugrün, Unterseite behaart; Blüten klein, rötlich bis hellviolett. Aroma: würzig, scharf, leicht bitter.

**Verwendung:** Blätter frisch und getrocknet, blühende Spitzen. Sein stark würziges Aroma hat die mediterrane Küche geprägt, verbindet sich ideal mit anderen Kräutern (z. B. Herbes de Provence und Bouquet garni), macht fette Speisen leichter verdaulich, so Schwein, Lamm, Gans, Ente, Terrinen und Eintöpfe. Thymian kann mitgekocht werden, gewinnt dabei noch an Aroma. Getrocknete Zweige würzen stärker als frische.
**Für Heilzwecke:** Ätherische Öle des Thymians, Thymolin und Carvacrol, desinfizieren gut. Tee aus Blättern wirkt verdauungsfördernd. Thymiantee mit Honig lindert Husten und Halsschmerzen. Beachtlich ist der hohe Anteil an Mineralstoffen wie Eisen, Zink und Calcium.
**Anbau, Ernte:** Thymian läßt sich im Garten gut aus Samen oder durch Ableger im Sommer ziehen. Er benötigt viel Sonne, steinigen, lehmigen bis kalkreichen Boden und muß vor Kälte geschützt werden. Um jedem Geschmack gerecht zu werden, empfiehlt sich die Anpflanzung mehrerer Arten, das sichert die Ernte über das ganze Sommerhalbjahr.
**Lagern:** Frische Zweige in einer Plastiktüte im Kühlschrank mehrere Tage, für längere Zeit besser im Gefrierfach. Zum Trocknen werden die Zweige kurz vor der Blüte geerntet und an einem warmen luftigen und trockenen Ort aufgehängt.

**Tripmadam**
(Steinkraut, Felsenfetthenne), bot. *Sedum reflexum,* Fam. Crassulaceae – Dickblattgewächse, engl. jenny stonecrop, franz. orpin réfléchi, orpin jaune, trique madame.
Diese anspruchslose, ausdauernde Pflanze, ein typisches Mauerblümchen, findet man in ganz Europa oft bei Spaziergängen zwischen Felsen und alten Mauern an sonnigen Stellen. Früher gehörte Tripmadam als Würzkraut in jeden Bauerngarten.
**Steckbrief:** Mehrjährig, immergrün; bis 10 cm hoch; Blätter klein, fleischig; Blüten klein, gelb, sternförmig; Pflanzenteile enthalten verschiedene organische Säuren wie Isozitronsäure, aber keine ätherischen Öle.
**Verwendung:** Blätter und Triebspitzen frisch. Zum Würzen von Salaten, Saucen, Kräuteressig, Kräutersuppen, geeignet für Diät- und Rohkost; besonders aromatisch, wenn Blättchen im Mörser zerdrückt werden. Blättchen lassen sich als Sauergemüse einlegen.
**Anbau, Ernte:** Gute Beeteinfassung an sonnigen, sandigen, trockenen Stellen (im Steingarten), Aussaat im Frühling, Ernte das ganze Jahr.
**Lagern:** nicht möglich, außer durch saures Einlegen.

**Vanille** (Foto S. 29)
Bot. *Vanilla planifolia,* Fam. Orchidaceae – Knabenkrautgewächse (Orchideen), engl. vanilla, franz. vanille.
Vanillestangen sind die Kapselfrüchte einer im tropischen Amerika beheimateten Schlingpflanze aus der Orchideenfamilie. Die Azteken benutzten sie zum Würzen von Speisen wie Brot aus Maismehl, Süßspeisen, Getränken aller Art, darunter Kakao. Die Spanier brachten das köstliche Gewürz mit nach Europa. Der Anbau außerhalb Amerikas scheiterte zunächst. Wie man dann doch in anderen Erdteilen zum Erfolg kam und wie sich Vanille optimal nutzen läßt, lesen Sie auf den Seiten 152 und 154 bei den Rezepten Apfelauflauf, Käsekuchen und Tessiner Brottorte.
**Steckbrief:** Kletterpflanze; bis 15 m hoch, in den Kulturen niedriger gezogen zur besseren Handhabung; Blätter fleischig, lang, elliptisch; Luftwurzeln; Blüten grün-gelb in Trauben; Kapselfrüchte bis 30 cm lange Schoten, werden unreif geerntet. Durch aufwendige Trocknungs- und Fermentierungsprozesse entstehen die bekannten Vanilleschoten: glänzend, schwarz-braun; Inhaltsstoffe: Vanillin, Vanillealkohol, Zimtsäure, Ester, über 30 verschiedene Duftstoffe, mehrere Kohlenhydrate; Aroma: intensiv, fein, tabakähnlich; Geschmack weich, süß.
**Verwendung:** Ganze Schoten frisch, fermentiert in Glasröhrchen; Pulver, Essenz, Extrakt. Zum Verfeinern von Puddings, Eiscremes, Eiercreme, Obstdesserts, Gebäck, Getränken wie Kaffee, Kakao, Schokolade, Milch. Dezent auch für pikante Gerichte wie Meeresfrüchte und Kalbfleisch.
**Tips:** Von bester Qualität sind dunkelbraune Vanilleschoten mit etwas runzliger Oberfläche, die besetzt sind mit Kristallen einer natürlichen Substanz, dem Vanillin. Sie sind elastisch biegsam. Die künstlich hergestellte Vanille kann nur ein schlechter Ersatz mit einem unangenehmen Nachgeschmack sein.
**Lagern:** Ganze Schoten im Original-Glasröhrchen oder in gut verschraubbaren Gläsern dunkel und kühl. Essenz und Extrakt im Kühlschrank.

**Wacholder**
(Machandel, Kronawett, Krammetbeere, Feuerbaum, Reckholder, Weihrauchbaum), bot. *Juniperus communis,* Fam. Cupressaceae – Zypressengewächse, engl. juniper, franz. genièvre.
Der immergrüne Wacholder wächst in verschiedensten, der Umgebung und dem Klima angepaßten Formen wild in ganz Europa und Amerika. Er kann 500 Jahre alt werden. Die Römer, die seine Beeren schätzten, gaben ihm den Namen Juniperus – Beeren der Juno. Der Name Wacholder geht auf die althochdeutschen Wörter wachal – wach, munter und ter – Baum, Strauch zurück, bezeichnend für seine Wirkung. Seit Jahrhunderten dienen Beeren zum Würzen von Fleisch, Schinken und Getränken – Schnaps, Genever, Gin, abgeleitet vom holländischen Wort genever für Wacholder. Holz und Zweige nimmt man zum Räuchern. Mehr dazu zu lesen ist auf S. 142 beim Rezept „Wildschweinkeule".
**Steckbrief:** Strauch/Baum; bis 10 m hoch; Blätter grünweiß, nadelförmig, spitz; Blüten gelb, klein, an der Basis der Blätter; Früchte: grüne Beeren, die sich nach 2–3 Jahren Reife schwarz-blau färben; Aroma: bitter-süß, angenehm würzig; Inhaltsstoffe: Kohlenhydrate, Säuren, Harze, ätherische Öle, Spurenelemente.
**Verwendung:** Wacholderbeeren frisch, getrocknet. Zum Würzen von Marinaden für Fisch, Fleisch, besonders Wild und Geflügel, Pökellaugen, Saucen, Trockensalzmischungen, eingelegtes Gemüse, Sauerkraut. Gut in Kombination mit Knoblauch und aromatischen Kräutern wie Majoran, Rosmarin und Thymian. Zerdrückte Beeren für Pasteten, Terrinen mit Schweinefleisch, Wild, Geflügel; Füllungen mit Äpfeln und Backpflaumen für Geflügel; Apfel-Quitten-Gelee und Konfitüren.
**Tips:** Frische oder frischgetrocknete Beeren aromatisieren besonders intensiv, wenn sie vor Gebrauch mit dem flachen

Messer zerdrückt werden. Wacholderbeeren können roh gegessen oder gekocht, gebraten und mitgebacken werden.
**Für Heilzwecke:** Tee appetitanregend, verdauungsfördernd, harntreibend, leicht desinfizierend; Brei bei Stoffwechselkrankheiten; Kompressen bei Gicht, Rheuma, Geschwüren. Während der Schwangerschaft und bei Nierenleiden sollte auf Wacholder verzichtet werden.
**Lagern:** Getrocknete Beeren in gut verschließbaren Gläsern dunkel und kühl bis zu 3 Jahren.

**Waldmeister**
(Maiblume, Maikraut, Maichrut, Gliedkraut, Herzfreude, Duftlabkraut, Wohlriechendes Labkraut), bot. *Galium odoratum* (Asperula odorata), Fam. Rubiaceae – Krappgewächse, engl. sweet woodruff, woodrowel, franz. aspérule odorante, glycérie, reine des bois.
Diese ausdauernde Pflanze ist wildwachsend in den Wäldern Europas, Nordafrikas, des Balkan und bis Rußland verbreitet.
**Steckbrief:** Mehrjährig; bis 30 cm hoch; Blätter lanzettförmig, in Sternform angeordnet; Blüten klein, weiß, wohlriechend; Inhaltsstoffe: Vitamin C, Farbstoffe, Cumarin.
**Verwendung:** Blätter frisch, getrocknet. An erster Stelle zum Würzen der Maibowle (Rezept S. 164), zum Aromatisieren und Färben von Desserts, Puddings und Cremes. Das enthaltene Cumarin wirkt in größeren Mengen toxisch, das heißt, die Pflanze darf noch nicht blühen, gepflückte Blätter müssen unverzüglich verbraucht und alle Blütenknospen entfernt werden.
**Tip:** Pro 1 Liter Flüssigkeit dürfen nur abgewogene 3 g Blätter ohne Blüten verwendet werden.
**Für Heilzwecke:** Tee, mehrere Stunden kalt angesetzt, wirkt galle-, harn-, schweißtreibend, krampflösend, beruhigend.
**Anbau, Ernte:** Im Frühling Vermehrung durch Pflanzenteilung. Auf kalkhaltigem, feuchtem Boden im Schatten bis Halbschatten. Blüte beginnt im Mai, Waldmeister also kurz vorher pflücken.

**Ysop**
(Kloster-, Josefs-, Bienenkraut), bot. *Hyssopus officinalis,* Fam. Lamiaceae, Labiatae – Lippenblütler; engl. hyssop, franz. hysope.
Der aus dem Orient stammende Halbstrauch mit königsblauen, rosa, manchmal auch weißen Blüten ist heute in Südeuropa, Nordafrika und im Nahen Osten bis nach Südrußland anzutreffen. Seine Nutzung als Heil- und Würzkraut reicht weit zurück: u. a. wird er in der Bibel, Psalm 51.7 erwähnt, als Mittel zur Reinwaschung von Sünden und Krankheit. Heute weiß man, daß von auf seinen Blättern wachsenden Pilzen Penicillin produziert wird.
**Steckbrief:** Immergrüner mehrjähriger Halbstrauch; 30–60 cm hoch; Umfang 20–30 cm; Blätter dunkelgrün, schmal, lanzettförmig, behaart, aromatisch; Blüten hellblau, violett, weiß bis rosa, in Scheinblüten. Die Blätter entwickeln einen leicht bitteren, an Minze, auch Thymian und Salbei erinnernden Geschmack.
**Verwendung:** Ganze Zweige, Blätter, blühende Triebspitzen frisch, getrocknet. Die kleinen Blüten geben Salaten eine besondere Note. Feingehackte Blätter passen gut zu Kräutersaucen, Suppen, Eintöpfen, Pasteten, Kuchen (Rez. S. 92, „Kartoffelkuchen"). Dabei sollten Blüten und Blätter nicht gleichzeitig verwendet werden, weil das intensive Aroma der Blätter zu dominant ist. Als kräftige Würze paßt Ysop gut zu Fleisch, zu gebratenem und gegrilltem von Schwein, Lamm und Wild. Er sollte aber erst kurz vor dem Garende zugegeben werden.
**Tip:** Ysop verträgt sich gut mit Lorbeer und Wacholder, z. B. in Beizen für Rindfleisch und Wild.
**Für Heilzwecke:** Tee appetitanregend, verdauungsfördernd, blutstillend. Schwangere sollten auf Ysop verzichten.
**Anbau, Ernte:** Im Frühjahr anpflanzen auf kalkreichem, steinigem Boden an einem sonnigen Platz mit 30 cm Abstand. Junge Blätter und Triebspitzen können von Juni an laufend gepflückt werden. Zum Trocknen Zweige schon im Hochsommer abschneiden, Im Winter gegen Frost abdecken.
**Lagern:** Frische Blätter und Blüten in feuchtem Küchenpapier im Gemüsefach des Kühlschranks wenige Tage; getrocknete Blätter wie üblich.

**Zimt** (Rezeptfoto S. 149)
(Kanehl, Caneel, Ceylonzimt), bot. *Cinnamomum verum,* Fam. Lauraceae – Lorbeergewächse, engl. cinnamon, franz. cannelle.
Schon vor 5 000 Jahren wurde die getrocknete, duftende Rinde des Baumes aus der Lorbeerfamilie in China geschätzt. Wo er herstammt und welche beiden eng verwandten Arten – Echter Zimt und Kassia – es gibt, steht genauer bei den Rezepten S. 148. Beim heute üblichen Anbau in den „Zimtgärten", beispielsweise auf Sri Lanka, werden die Echten Zimtbäume kopfweidenartig beschnitten, damit man besser an die rutenförmigen Zweige herankommt. In der Regenzeit – auf Sri Lanka Mai/Juni und Oktober/November – wird geerntet, die Rinde der jungen Zweige geschält, fermentiert, die äußere und die mittlere Schicht entfernt, so daß nur die zarte Innenrinde übrig bleibt. Mehrere Blätter davon werden übereinander gelegt und getrocknet, so entsteht die gelblich braune Farbe der etwa 1 cm dicken Stangen, die in etwa 10 cm lange Stücke geschnitten in den Handel kommen.
**Verwendung:** Echter Zimt: Stangen getrocknet, Pulver, Essenz; Kassia-Zimt: Rindenröllchen getrocknet, gemahlen; Blätter, Knospen. Echter Zimt eignet sich für süße und salzige Gerichte, Gemüse, Fleisch, Wild, Currygerichte, gedünstetes Obst, Kuchen, Kleingebäck, Puddings, Getränke wie Glühwein, Kaffee, Kakao. Besonders gut schmeckt Zimt mit Lamm. – Kassia ist Teil des chinesischen Fünf-Gewürze-Pulvers, würzt ungemahlen salzige gedünstete und pfannengerührte Gerichte, aber in Verbindung mit Zucker gut auch Süßes.
**Tips:** Je dünner die Rindenblätter einer Zimtstange, um so besser die Qualität und feiner das Aroma. Zimtpulver besteht meist aus Resten, die beim Schneiden der Stangen anfallen. Nur kleine Mengen Pulver kaufen, da das Aroma schnell verfliegt. Kassia ist preiswerter als Echter Zimt und kann zu allen Gerichten verwendet werden, für die Ceylon-Zimt empfohlen wird, sollte dabei aber sparsamer dosiert werden. Kassia-Bruchstücke und -Knospen zum Würzen in Beutel geben, so können sie nach dem Garen leichter entfernt werden.

**Für Heilzwecke:** Zimt und Kassia helfen bei Durchfall, Blähungen und Brechreiz. Essenz gut für Dampfbäder bei Erkältung und Grippe.

**Zitronengras** (Rezeptfoto S. 79)
(Serehgras, Verveine, Lemongras), bot. *Cymbopogon citratus,* Fam. Poaceae – Süßgräser, engl. Westindian lemon grass, franz. verreine des Indes, indonesisch Sereh, thailändisch Takrai.
Dieses aus Kambodscha stammende Gras mit Zitronengeschmack wird heute in ganz Südostasien, Indien, Afrika, Südafrika und Australien angebaut. Es dient als Würzmittel zu vielen ostasiatischen Gerichten.
**Verwandte Arten:** Zitronellagras, Zitronellgras – Cymbopogon nardus: ähnlicher, jedoch etwas schärferer Geschmack, mit Rosenaroma, gedeiht ebenfalls in tropischen Regionen. Aus seinen Blättern wird das Ceylon-Citronellöl gewonnen.
**Steckbrief:** Mehrjährige tropische Pflanze; 1–2 m hoch; Blätter halmartig, grün, rauhe Oberfläche; Aroma: Zitronengeschmack, ätherisches Öl – Citral.
**Verwendung:** Halme frisch, getrocknet, gemahlen – nur die untersten 10–15 cm nimmt man dafür. Als Gewürz für Salate, Suppen, Fischsuppen, Saucen, Fleischgerichte, Currys, indische Reistafel, Gemüse, Desserts und Getränke. Halme werden in 2 cm lange Stücke geschnitten, mitgekocht und vor dem Servieren wieder entfernt. Ihr Geschmack harmoniert mit Zwiebeln, Knoblauch, Chillies und frischen Korianderblättern. Zerkleinerte, gehackte Halme müssen erst in heißem Wasser eingeweicht werden, gemahlene Halme werden direkt verwendet.
**Lagern:** Frische Halme in feuchtem Küchenpapier im Gemüsefach des Kühlschranks; Einfrieren ist möglich.

**Zitronenmelisse**
(Gartenmelisse, Bienen-, Zitronell-, Mutter-, Pfaffen-, Herzkraut, Honigblume), bot. *Melissa officinalis,* Fam. Lamiaceae, Labiatae – Lippenblütler; engl. balm, lemon balm, franz. baume, mélisse, citronelle.
Die aus dem Nahen und Mittleren Osten stammende Staude hat sich schnell über den ganzen Mittelmeerraum ausgebreitet und wird heute in Europa, den USA und Kanada angebaut. Seit der Antike wird sie für Heilzwecke und in der Küche genutzt. Der Name Melissa kommt aus dem Griechischen, bedeutet „Honigbiene", und verweist auf die starke Anziehungskraft des sehr angenehm duftenden Krautes auf Bienen.
**Verwandte Arten:** Weiße Melisse, Moldavische Melisse, Goldmelisse.
**Steckbrief:** Mehrjährige Staude, aber frostempfindlich; bis 1 m hoch; Umfang bis 60 cm; Stengel vierkantig, leicht behaart; Blätter hellgrün, herzförmig, gekerbt; Blüten klein, weiß, in Ähren; Aroma: intensiv nach Zitrone.
**Verwendungsform:** Blätter frisch, getrocknet. Frische Blätter passen gut zu Salaten, Saucen, Fisch, Geflügel, Pilzgerichten, Obstsalaten und zu erfrischenden Getränken. Sie kann Zitronenschale, Zitronengras usw. ersetzen. Für Tee frische oder getrocknete Blätter aufgießen.
**Für Heilzwecke:** Aus der Pflanze wird seit Jahrhunderten der bekannte Melissengeist hergestellt. Wirkt belebend, nerven- und magenstärkend, senkt den Cholesterinspiegel, erhöht die Gallensekretion.
**Anbau, Ernte:** Im Frühjahr im Garten auf nährstoffreichem Humusboden im Halbschatten ausgesät, können die Pflanzen bald mit einem Abstand von 60 cm versetzt werden. Sehr pflegeleicht, Ernte laufend von Frühjahr bis Spätsommer. Blüht Juli bis September, die Stengel sterben im Herbst ab. Wegen Frostempfindlichkeit sollten die Kronen abgedeckt werden.
**Lagern:** Frische Blätter halten sich einige Tage in feuchtem Küchenpapier im Gemüsefach des Kühlschranks. Auch zum Einfrieren geeignet, zum Trocknen weniger, da das Aroma sich schnell verliert.

**Zwiebel**
(Bolle, Zipolle), bot. *Allium cepa,* Fam. Liliaceae – Liliengewächse, engl. onion, franz. oignon.
Von allen Laucharten besitzen Zwiebeln die stärksten Knollen, unterirdisch verdickte Sprossen, und sind seit der Vorzeit – ähnlich Salz – ein unverzichtbares Gewürz. Ursprüngliche Heimat Westasien, heute jedoch weltweit kultiviert. Es gibt weiße, gelbliche, braune und rote Zwiebeln.
**Verwandte Arten:** Frühlingszwiebeln, auch Lauchzwiebeln genannt, die kaum entwickelten Knollen der Sommerzwiebeln, schmecken mit ihren grünen Röhrenblättern besonders fein zu Salaten.
Kleine Zwiebelchen werden geerntet, sobald die Knollen haselnußgroß sind, und eingelegt, sind auch glasiert eine gute Einlage in Suppen.
Gemüsezwiebeln, besonders groß und mild im Geschmack und oft nach ihrer Herkunft benannt wie Valencia oder Bermuda, eignen sich zum Füllen, können gekocht, geschmort, gebacken, gratiniert oder als Zwiebelringe gebraten werden.
Perlzwiebeln – Allium ampeloprasum, eine eigene Art mit silbrigweißen, haselnußgroßen Tochterzwiebeln, sind häufig in Mixed Pickles zu finden.
Schalotten – Allium ascalonicum, eine Haupt- und mehrere Tochterzwiebeln, sind von einer gemeinsamen rotbraunen Schale umhüllt. Ihr pikantes Aroma ist Grundlage vieler klassischer Rezepte wie Sauce Béarnaise und Sauce Bercy. Angebräunte ganze Schalotten passen gut zu gebratenem Fleisch und Geflügel. Mehrere Wochen in gutem Weinessig eingelegte Schalotten ergeben ein aromatisches Salatdressing.
Winterzwiebeln – Allium fistulosum, eine frostunempfindliche Art aus Sibirien, ist länglich und schmeckt milder.
**Für Heilzwecke:** Alle Zwiebelsorten enthalten viele Kohlenhydrate, Fette, Mineralsalze, Flavonoide, ätherische Öle und die Vitamine A, B1, B2, B5, C und E. Sie wirken appetitanregend, verdauungsfördernd, desinfizierend.
**Anbau, Ernte:** Zwiebelchen im Frühjahr in feuchten Sandboden stecken, an sonnigem bis halbschattigem Platz. Die bis 1 m Höhe aufschießenden Blütenstengel sollten möglichst früh abgeschnitten werden, so daß sich die ganze Kraft vermehrt auf die Knollen verteilt. Ernte der Sommerzwiebeln vor allem im September.
**Lagern:** Sommerzwiebeln sind frostempfindlich, nur kühl und dunkel aufbewahren. Getrocknete Zwiebeln mit braunen Häuten sollten keine grünen Spitzen haben.

## Rezepte nach Gruppen

Soweit in den Rezepten nichts anderes vermerkt ist, sind die Zutaten für vier Personen berechnet.

## Gewürz- und Kräuterregister

Auf den angegebenen Seiten steht ein **Rezept,** das durch das aufgeführten Gewürz oder Kraut geprägt ist; der Zusatz L weist auf die Nennung in dem kleinen Lexikon auf den Seiten 172 bis 188 hin.